Printed in Germany

Druck von Dr. F. P. Datterer & Cie., Freising-München.

Von dieser Sammlung erschienen folgende Bändchen:

I. Zivilsachen:	Bd. 76—100	. . .		je RM.	0.80
	„ 101—140	. . .		je RM.	1.—
	„ 141—155	. . .		je RM.	2.—
Serien:	„ 76—155	mit 3 Reg.		zus. RM.	76.—
	„ 81—155	83—119	120—130	zus. RM.	71.—
	„ 91—155	131—140		zus. RM.	61.—
	„ 101—155			zus. RM.	53.—
	„ 111—155			zus. RM.	43.—
	„ 121—155	mit 4 Reg.		zus. RM.	33.—
	„ 131—155	mit 4 Reg.		zus. RM.	28.—
Gesamtregister zu	Bd. 83—119	. . . .		RM.	6.—
Gesamtregister zu	Bd. 120—130	. . . .		RM.	1.80
Gesamtregister zu	Bd. 131—140	. . . .		RM.	1.50
Gesamtregister zu	Bd. 141—150	. . . .		RM.	1.50
II. Strafsachen:	Bd. 45—55	. . .		je RM.	0.80
	„ 56—64	. .		je RM.	1.—
	„ 65—71	. . .		je RM.	2.—

Serie: Bd. 45—71 mit Ges.-Reg. zu Bd. 45—60 zus. RM. 27.—

Gesamtregister zu Band 45—60 . . . . RM. 3.70

Jedes Bändchen entspricht einem Bande der amtlichen Sammlung.

1. Seeversicherung. Kriegsgefahr. Seegefahr. Adäquate Verursachung. Causa proxima. **Vertragsauslegung.** (HGB. §§ 820, 849; AllgDSeeVersBed. 1919 §§ 13, 28, 33, 35, 119, 122; DKrKlausel 1938 Ziff. 1, 10.) Eine Großhandlung in Hamburg hatte auf Grund einer laufenden Police Versicherung genommen für Güter aller Art auf Reisen von und nach allen Teilen der Welt. Versichert war der Fakturenwert der Güter, doch war die Versicherungsnehmerin berechtigt, auch einen höheren imaginären Gewinn anzuzeigen. Die Versicherung umfaßte auch die Kriegsgefahr nach § 122 der Allgemeinen Deutschen Seeversicherungsbedingungen von 1919. Nachdem England an Deutschland den Krieg erklärt hatte, fand zwischen der Reederei und der Versicherungsgesellschaft am 14. Oktober 1939 eine Besprechung über eine von der Reederei geplante Versendung von 55000 Sack Kaffee von Brasilien nach Deutschland statt. Die Sendung wurde auf Grund von Einzelpolicen gegen Kriegsgefahr im Umfang der deutschen Kriegsklausel von 1938 versichert; hiefür wurde eine Prämienzulage von 3% berechnet. Die deutsche Kriegsklausel ist von der Fachgruppe Transportversicherung aufgestellt worden. Nach Ziff. 1 deckt die Versicherung die Gefahren des Krieges, des Bürgerkrieges und kriegsähnlicher Ereignisse. Auf diesen Gefahren beruhen Schäden, verursacht durch Handlungen kriegerischer Art, insbesondere durch das Einsetzen der bewaffneten Macht, durch Blockade oder andere Sperren, sowie durch Beschlagnahme oder sonstige gegen den versicherten Gegenstand als solchen gerichtete Maßnahmen einer anerkannten oder nicht anerkannten Macht, die zu Zwecken der Kriegsführung vorgenommen werden. Durch Ziff. 10 wird der Wert der Kriegsversicherung auf den Fakturenbetrag unter Hinzurechnung der Versicherungskosten, der Kosten, die bis zur Annahme der Güter durch den Verfrachter entstehen, und der Kosten der Fracht begrenzt. Die Reise wurde am 6. Dezember 1939 auf Grund eines von einer deutschen Amtsstelle erteilten Befehls angetreten. Auf Grund einer dem Kapitän mitgegebenen, auf hoher See geöffneten Segelanweisung der gleichen Amtsstelle fuhr der Dampfer durch das Eismeer. Auf der Fahrt durch Treibeisfelder wurde er so schwer beschädigt, daß er am 10. Januar 1940 nach Öffnung der Seeventile von der

Besatzung verlassen werden mußte. Mit dem Dampfer gingen auch die versicherten Güter zugrunde. Die Versicherungsgesellschaft zahlte an die Großhandlung den Betrag, der sich auf Grund der deutschen Kriegsklausel ergab. Die Großhandlung war der Auffassung, daß die Güter durch einen reinen Seeunfall verloren gegangen seien, und verlangte auch Ersatz des imaginären Gewinnes. Ihre Klage wurde vom Berufungsgericht dem Grunde nach für gerechtfertigt erklärt. Die Revision der Versicherungsgesellschaft hatte keinen Erfolg. Die als Ursachen für den Verlust des Dampfers und der Güter in Betracht kommenden Gefahrumstände hatten insofern eine verschiedene Bedeutung, als sie teils dem Bereiche der Kriegsgefahr, teils dem der Seegefahr angehörten; da der imaginäre Gewinn nur im Falle der Entstehung des Schadens durch Seegefahr zu ersetzen war, hing die Entscheidung davon ab, ob Kriegsgefahr oder Seegefahr als Ursache des Schadens anzusehen waren. Maßgebend war in erster Reihe die durch den Versicherungsvertrag getroffene Regelung, also der durch Auslegung zu ermittelnde Wille der Parteien; in zweiter Reihe kamen die Allgemeinen Deutschen Seeversicherungsbedingungen in Betracht. Soweit ein Schaden durch mehrere, nur zum Teil durch den Versicherungsvertrag gedeckte Gefahrenereignisse entstanden ist, muß die nächste Ursache (causa proxima) in dem Sinn ermittelt werden, der diesem Begriffe nach der Verkehrsanschauung mit Rücksicht auf den das Versicherungsverhältnis in besonderem Maße beherrschenden Grundsatz von Treu und Glauben beizumessen ist. Nach den Feststellungen des Berufungsgerichts waren die Parteien darüber einig geworden, daß für die Verschiffung des Kaffees wegen des Kriegszustandes zwischen Deutschland und England nur eine Blockadebruchreise in Betracht kam; mit Rücksicht darauf wurde die Prämie erhöht. Auf die nähere Ausführung der Reise, insbesondere auf den Inhalt der amtlichen Segelanweisung, erstreckte sich die Kenntnis der Parteien nicht. Einverständnis bestand darüber, daß die Güter in einem deutschen Dampfer befördert wurden, obwohl sie darin, ebenso wie der Dampfer selbst, der dringenden Gefahr der Nehmung ausgesetzt waren. Für die Beklagte war es offenbar, daß die Güter nicht auf dem üblichen, sondern nur auf einem außergewöhnlichen Wege an ihren Bestimmungsort gelangen konnten; mit der Möglichkeit, daß die Fahrt durch nördliche Gewässer ging, mußte sie bei der Ansetzung einer erhöhten Prämie rechnen. Hätte sie geltend machen wollen, daß die nach Ausbruch des Krieges auf einem deutschen Dampfer nach einem deutschen Bestimmungsort bewirkte Verschiffung des Kaffees nicht unter die laufende Police falle, so hätte sie nach Treu und Glauben keine Prämienzulagen berechnen und der Klägerin keine Einzelpolice aushändigen dürfen, sondern ihre Meinung und ihren Willen, für die beabsichtigte Blockadebruchreise nicht zu haften, klar zum Ausdruck bringen müssen. Hienach war die Reise auf dem vorgeschriebenen Wege das Unternehmen, für das die Güter gegen See- und Kriegsgefahr zu den durch die Einzelpolice ergänzten Bedingungen der laufenden Police versichert waren. Die Reise als solche war kein Kriegsereignis, sondern das den Gegenstand der Versicherung bildende Unternehmen; die Beklagte haftete für die mit dieser Reise verbundenen Gefahren der Seeschiffahrt auch insoweit, als diese durch die Kriegsgefahr erhöht worden waren. Gefahren, die als solche nicht unter die deutsche Kriegsklausel fielen, sondern nur durch die Kriegsgefahr beeinflußt waren, waren durch die Versicherung gegen Seegefahr gedeckt. Nach § 35 der Allgemeinen Deutschen Seeversicherungsbedingungen schließt sogar eine Versicherung frei von Kriegsgefahr grundsätzlich die Haftung für die durch Krieg verursachte Erhöhung der Seegefahr, den sogenannten Kriegsmolest, mit ein, sofern nicht durch die Gefahrerhöhung der Gegenstand der Versicherung wesentlich geändert wird; will sich der Versicherer von dieser erhöhten Haftung befreien, so muß er sich der Klausel „frei von Kriegsmolest" bedienen. Die Beklagte konnte sich also nicht darauf berufen, daß auf dem durch die Versicherung gedeckten außergewöhnlichen Reiseweg die Seegefahr unter Einwirkung des Krieges größer war, als sie unter gewöhnlichen Verhältnissen gewesen wäre; in diesem Sinne war vor allem der Umstand zu würdigen, daß die Gefahr der Nehmung die Einholung von Eisnachrichten ausschloß. Durch das Einverständnis der Parteien über die Verladung auf einem bestimmten deutschen Dampfer waren der Beklagten auch alle Einwendungen abgeschnitten, die sich aus der Beschaffenheit des Dampfers, insbesondere aus der von ihr behaupteten Seeuntüchtigkeit für eine Fahrt durch das Eismeer, ergeben konnten. Bei der laufenden Güterversicherung hat der Versicherungsnehmer nicht die Seetüchtigkeit des Schiffes zu gewährleisten; er haftet für die Eignung des Beförderungsmittels nur insoweit, als sich das aus dem Vertrag ergibt. Die in der laufenden Police vorgeschriebenen Eigenschaften hatte der Dampfer unbestritten besessen; auf die Wahl des Reiseweges hatte die Klägerin so wenig Einfluß wie die Beklagte. Das Wagnis der Unbestimmtheit des Reisewegs ergab sich aus der Natur des versicherten Unternehmens. Die vertragsmäßige Haftung der Beklagten für imaginären Gewinn umfaßte also die Seegefahr der Reise mit Einschluß der durch den Krieg bewirkten Gefahrerhöhung. Für die Abgrenzung zwischen Seegefahr und Kriegsgefahr war vor allem die deutsche Kriegsklausel maßgebend. Sie ist eingeführt worden, um die deutsche Versicherungswirtschaft bei einer Häufung von Kriegsschäden vor Verpflichtungen zu bewahren, die von ihr nicht getragen werden könnten und die Belange der Versicherungsnehmer anderer Zweige gefährden würden. Zweck der Klausel ist also Beschränkung des Wagnisses aus der Kriegsversicherung. Sie bezeichnet zunächst grundsätzlich die Gefahrbereiche, auf die sie angewendet sein will: die Gefahren des Krieges, Bürgerkrieges und kriegsähnlicher Ereignisse. Wirksam werden können diese Gefahren nur durch Ereignisse, die in diese Bereiche fallen; sie sind im Abs. 2 der Ziff. 1 erschöpfend aufgezählt. Es handelt sich dabei vor allem um ein Gebrauchmachen von der Kriegsmacht; außerdem werden zur Kriegsgefahr gerechnet Maßnahmen, die zum Zweck der Kriegführung vorgenommen werden und gegen den versicherten Gegenstand als solchen gerichtet sind. Auf das Zusammentreffen beider Voraussetzungen kommt es wesentlich an. Die Segelanweisung konnte hienach nicht als ein Kriegsereignis im Sinne der deutschen Kriegsklausel oder als eine auf die Entziehung der Güter gerichtete Verfügung von hoher Hand angesehen werden. Nach § 35 AllgSVersBed. fiel sie allerdings unter den Begriff des Kriegsereignisses, da diese Vorschrift darunter alle durch den Krieg veranlaßten Maßnahmen einer kriegführenden Macht versteht; die deutsche Kriegsklausel hat aber in dem Bestreben nach Einschränkung der Kriegsversicherung den Begriff wesentlich enger gefaßt. Zweck der Segelanweisung war nicht die Wegnahme der versicherten Güter, sondern ihre Rettung vor feindlichem Zugriff; sie entsprach dem gemeinsamen Interesse der Parteien an dem Gelingen der versicherten Blockadebruchreise, weil anzunehmen war, daß ihr Aussteller auf Grund der ihm zu Gebote stehenden Kenntnis von den Maßnahmen des Feindes den Weg vorschrieb, der zur Zeit der Ausreise die größte Aussicht auf Rettung bot. Soweit hienach der Begriff der Kriegsgefahr durch die deutsche Kriegsklausel gegenüber den §§ 35, 121 der AllgDSeeVersBed. eingeschränkt wurde, erweiterte sich das der Versicherung gegen Seegefahr zufallende Gebiet. Als Kriegsereignis im Sinne der Kriegsklausel blieb hienach nur die Blockade oder die Sperrung des Seewegs durch England übrig. Sie wurde ursächlich für die amtliche Segelanweisung, für das Ausbleiben der Eisnachrichten und dafür, daß der Dampfer mit mangelhafter Ausrüstung der Eisgefahr ausgesetzt wurde; die das Kriegsereignis darstellenden Blockademaßnahmen verursachten also mittelbar die Ereignisse, die zum Untergang des Dampfers mitwirkten. Mit Rücksicht auf den Inhalt des Vertrags kam es aber auf diese Verursachung nicht an. Die feindliche Blockade bestand schon vor Abschluß des Vertrags; die Einigung der Parteien über die Verschiffung des Kaffees auf einem von feindlicher Nehmung bedrohten Dampfer mußte als Übernahme der Kriegs- und Seegefahr für die Blockadebruchreise gedeutet werden. Diese aus dem Vertrag sich ergebende Rechtslage schloß es aus, die Blockade als rechtlich maßgebende Ursache des Totalverlustes anzusehen. Für das Gebiet der Seeversicherung gilt neben dem das gesamte bürgerliche Recht beherrschenden Grundsatz der adäquaten Verursachung die causa proxima-Regel. Sie greift nicht Platz, wenn nur e i n e Schadensursache vorliegt oder wenn mehrere Ursachen getrennt zu ermittelnde Schäden herbeigeführt haben; in solchen Fällen besteht kein Bedenken, auch im Seeversicherungsrecht den ursächlichen Zusammenhang nach dem Grundsatz der adäquaten Verursachung zu beurteilen. Nach diesem Grundsatz gelten nur jene Gefahrumstände als Ursachen des Schadens, die ihrer Natur nach den Eintritt eines Erfolgs dieser Art erfahrungsgemäß begünstigen. Die Anwendung dieses Grundsatzes führt zur Verneinung der Ursächlichkeit in Fällen, in denen Ereignis und Schadensfolge in einem so losen und entfernten Zusammenhang stehen, daß dieser Zusammenhang nach der Auffassung des Lebens vernünftigerweise nicht mehr in Betracht gezogen werden kann. Liegt hienach der Fall, daß mehrere nur zum Teil durch den Vertrag gedeckte Ursachen den Schaden verursacht haben, nicht vor, so besteht kein Bedürfnis, nach der nächsten Ursache zu forschen. Einer Anwendung der causa-proxima-Regel bedarf es aber, wenn ein einheitlicher Schaden auf ein Zusammentreffen von Gefahrumständen zurückzuführen ist, die durch den Versicherungsvertrag nur zum Teil oder in verschiedenem Umfang gedeckt sind. Die Feststellung des Berufungsgerichts, das Schicksal von Schiff und Ladung sei durch die schwere Beschädigung des Dampfers beim Durchfahren des Treibeises besiegelt, der Untergang insbesondere auch bei früherer Hilfeleistung nicht abwendbar gewesen, war von der Beklagten nicht angefochten worden. Für die Beschädigung des Dampfers durch Treibeis, die hienach in der Folge des Ursachenverlaufes als das Ereignis hervortrat, das den Untergang des Schiffes und der versicherten Güter zur unmittelbaren Folge hatte, war in adäquater Weise ursächlich das Durchfahren des Treibeises, mittelbar auch die Segelanweisung des Dampfers und die feindliche Blockade. Die feindliche Blockade und die Segelanweisung hatten dazu geführt, daß der Dampfer in ein Seegebiet gelangt war, das zu der in Rede stehenden Jahreszeit durch das Auftreten von Treibeis für die Schiffahrt gefährlich war. Das Berufungsgericht hatte aber festgestellt, daß der Kapitän durch die Segelanweisung nicht unbedingt gebunden war, daß er insbesondere, sofern zwingende nautische Gesichtspunkte es erforderten, auch einen anderen Kurs hätte einschlagen dürfen, und daß nach der Gestaltung der Eisverhältnisse, wie sie der Dampfer angetroffen hatte, der Unfall durch eine unter den gegebenen Umständen zulässige Kursänderung hätte vermieden werden können. Hienach hatten Kriegsereignisse, die eine Haftung für imaginären Gewinn nicht begründen würden, allerdings in adäquater Weise ursächlich für den Schaden eine den Eintritt des Unfalls begünstigende Gefahrenlage geschaffen; die entscheidende, die Verwirklichung der Seegefahr unvermeidlich machende Wendung hatte aber der Lauf der

Dinge erst dadurch erhalten, daß der Kapitän in einer irrigen Einschätzung der für das Schiff damit verbundenen Gefahr das Durchfahren (Forcieren) des Treibeises unternahm. Mit Recht war unter diesen Umständen das Berufungsgericht zu dem Ergebnis gelangt, es entspreche der Verkehrsauffassung und dem Grundsatz von Treu und Glauben, das von seinem Ermessen abhängige nautische Verhalten des Kapitäns als nächste Ursache für den Verlust der Güter anzusehen, weil es das von der Beklagten zufolge des Versicherungsvertrags zu vertretende Ereignis war, das die Beschädigung des Dampfers durch Treibeis und in weiterer Folge den Verlust der Güter unmittelbar herbeiführte und unvermeidlich machte. Das so gewonnene Ergebnis entsprach auch deshalb der Billigkeit, weil die Beklagte die mit der Blockadebruchreise verbundene erhöhte Seegefahr übernommen hatte. (I, 28. November 1941.) Amtl. Sammlg. S. 1—24.

Vgl. Bd. 67 S. 251; Bd. 89 S. 125, 142, 316; Bd. 92 S. 65; Bd. 94 S. 300; Bd. 153 S. 113.

2. **Seeversicherung. Vertragsauslegung.** (BGB. § 157; AllgDSeeVersBed. § 13.) Auf Grund einer vom 1. Januar 1939 ab auf ein Jahr laufenden Zeitversicherung war ein Dampfer gegen Seegefahr für regelmäßige Fahrten zwischen Deutschland und Südamerika versichert worden. Nach der Police waren Abweichungen von der Route sowie andere Reisen gegen eine nach Billigkeit zu vereinbarende Prämienzulage gedeckt. Nach Ausbruch des Krieges mit England vereinbarten die Parteien die Aufhebung der Zeitpolice; durch weitere Vereinbarungen wurde aber das Versicherungsverhältnis aufrecht erhalten. Am 27. Oktober 1939 wurde ein Abkommen getroffen, nach dem für Schiffe, die in Fahrt waren oder wieder in Fahrt gesetzt würden, die Versicherung in Kraft bleiben bzw. wieder in Kraft gesetzt werden sollte; es sollten die Bedingungen der alten Police gelten. Die Versicherungsgesellschaft fügte noch die Klausel bei: Prämie offen — Haftung status quo. Am 6. Dezember 1939 trat das Schiff auf Grund eines von einer deutschen Amtsstelle erteilten Befehls die Fahrt von Brasilien nach Deutschland an. Aus diesem Grunde fand ein Briefwechsel zwischen den Parteien statt. In diesem vertrat die Versicherungsgesellschaft die Auffassung, daß sie für Blockadebruchreisen nicht hafte, daß es vielmehr

Sache des Reiches sei, das Risiko zu tragen. Die Eigentümerin des Schiffes erwiderte, daß sie auf die Deckung der Blockadebruchreisen nicht verzichte; sie legte aber den Durchschlag eines Schreibens an das Reichsverkehrsministerium bei, worin sie die Erwartung aussprach, daß das Reich für die von ihm beorderten Schiffe das Kriegsrisiko und auch das Seerisiko tragen werde. Durch eine Deckungsnote der Versicherungsgesellschaft vom 29. Dezember 1939 wurde das Schiff gegen Seegefahr für die Zeit von drei Monaten versichert; ergänzend wurde Bezug genommen auf den vorangegangenen Briefwechsel. Der Dampfer geriet auf dem ihm von der deutschen Amtsstelle vorgeschriebenen Kurs in Treibeis und erlitt so schwere Beschädigungen, daß die Besatzung ihn am 10. Januar 1940 verließ und zum Sinken brachte. Die Klage auf Zahlung der Versicherungssumme wurde in zwei Rechtszügen abgewiesen. Das Reichsgericht verwies die Sache zurück. Beim Reiseantritt des Dampfers war die Zeitpolice nicht mehr in Geltung, vielmehr durch kurzfristige Vereinbarungen ersetzt. Entscheidend war hienach, ob mit dem Abkommen vom 27. Oktober 1939 ein die Blockadebruchreisen einschließender neuer Versicherungsvertrag zustande gekommen war, für den die Bestimmungen der Zeitpolice nur soweit fortgalten, als sie aufrechterhalten waren. Da das Versicherungsverhältnis in besonderem Maße durch Treu und Glauben und die Rücksicht auf die Verkehrssitte beherrscht wird, muß verlangt werden, daß die Parteien ihre Erklärungen über die Gestaltung ihrer gegenseitigen Beziehungen mit größtmöglicher Klarheit und Bestimmtheit abgeben. Nachdem die Zeitpolice durch kurzfristige Vereinbarungen ersetzt worden war, konnte nicht ohne weiteres als selbstverständlich angesehen werden, daß die Beklagte einer Abgrenzung der Reisen, die sich nicht aus der ursprünglichen Fassung der Police begründen ließ, unter keinen Umständen zustimmen wollte. Die von ihr anscheinend verfolgte Absicht, die der Regelung bedürfende Frage in Schwebe zu lassen und die Lösung der Ungewißheit den Gerichten anheim zu geben, vertrug sich nicht mit der Sicherheit des Rechtsverkehrs, die erforderte, daß dem Vertragsgegner der Wille, für Seegefahr auf Blockadebruchreisen nicht zu haften, spätestens beim Vorliegen eines die Übernahme dieser Haftung einschließenden

Vertragsantrags unmißverständlich kundgegeben wurde. Es hätte also unter Heranziehung aller Umstände, insbesondere auch der mündlichen Verhandlungen der Parteien, geprüft werden müssen, ob die Klägerin nach Treu und Glauben und mit Rücksicht auf die Verkehrssitte die Erklärungen der Beklagten so verstehen konnte und auch verstand, daß die den Parteien bekannten und in Zukunft zu erwartenden Blockadebruchreisen in die Versicherung zur Bedingung „Haftung status quo", also unter Übernahme der Haftung nur für Seegefahr, gegen eine nach Billigkeit zu berechnende Prämie einbezogen werden sollten. (I, 28. November 1941.) Amtl. Sammlg. S. 24—36. Vgl. Bd. 116 S. 274; Bd. 150 S. 147; Bd. 169 S. 1.

3. **Ehescheidung. Widerspruch.** (EheG. § 55.) Aus einer Ehe waren, nach einer Totgeburt, drei Söhne hervorgegangen. Nachdem die Ehe 15 Jahre hindurch bestanden hatte, wurde der Ehemann, ein Hochschulprofessor, an einen anderen Ort versetzt; seitdem lebten die Ehegatten getrennt. Die vom Ehemann erhobene Scheidungsklage wurde in zwei Rechtszügen abgewiesen; das Reichsgericht verwies die Sache zurück. Schon wiederholt ist entschieden worden, die Ausbildung mehrerer Kinder und die Versorgung einer Frau und Mutter, die einen großen und wertvollen Teil ihres Lebens ihrem Mann und ihren Kindern gewidmet hat, sei für die Allgemeinheit wertvoller und die Sorge darum sittlich mehr gerechtfertigt als die Rücksicht auf persönliche Wünsche eines Gatten, der von einer Ehe loszukommen trachtet, die durch seine Schuld zerbrochen ist. Die unerwünschten Zustände, die sich aus der Aufrechterhaltung einer solchen Ehe ergeben, sind gleichwohl schädlich und verdienen ihre Bestätigung nicht, wenn nach menschlichem Ermessen eine Gefährdung der Kinderausbildung und der Versorgung des geschiedenen Gatten nicht zu befürchten ist. Ein Angebot von Geldmitteln für diese Zwecke wird zwar allein schwerlich ausreichen, um eine Scheidung zu rechtfertigen. Die Gefahr des Verlustes in der Zukunft wird nie ganz auszuschalten sein, und die Folge, daß wohlhabenden Kreisen eine Scheidung möglich werden, armen Schichten der Bevölkerung aber versagt bleiben müßte, wäre abzulehnen. Wesentlich für die Entscheidung muß die Persönlichkeit des Gatten bleiben, der

von der Ehe losstrebt. Bietet er in seiner Persönlichkeit die Gewähr, daß er immer in der Lage sein und auch den Willen haben wird, zu seinem Worte zu stehen, so kann auf solcher Grundlage eine Scheidung selbst dann gerechtfertigt sein, wenn Kinder noch zu erziehen sind und für den geschiedenen Gatten zu sorgen ist. Allerdings wird auch dann ein Kläger Sicherheit in so weitem Maße als möglich, etwa durch notarische Verpflichtung, anzubieten und zu leisten haben, ehe er auf eine günstige Entscheidung hoffen darf. Der Kläger verfügte zufolge seiner Stellung über Einnahmen, die ihm die Erfüllung dieser Pflichten gestatten würden. Bot er auf Grund seiner Tüchtigkeit und Arbeitsamkeit die Gewähr, solche Lebensstellungen sich für die Dauer zu erhalten, und bot er auch die Gewähr, daß er treu zu seiner Pflicht gegenüber der Beklagten und seinen Kindern stehen werde, so konnte eine Scheidung gerechtfertigt sein. Dafür war weiter auch zu beachten, daß beide Ehegatten noch in der Vollkraft ihres Lebens standen und daß es sich nicht um einen Fall handelte, in dem nach langer glücklicher Ehe ein Ehegatte den anderen im Alter im Stich lassen wollte. (IV, 28. Januar 1942.) Amtl. Sammlg. S. 36—38.

4. **Nacherbenanwartschaft.** (BGB. §§ 2069, 2074, 2096, 2108; FGG. § 28.) Eheleute setzten in einem gemeinschaftlichen Testament sich gegenseitig als Vorerben und ihre Kinder (einen Sohn und eine Tochter) als Nacherben ein. Der Ehemann starb im Jahr 1926, die Ehefrau im Jahr 1940. Kurz vor der Ehefrau war die Tochter gestorben; sie wurde zu $1/4$ von ihrem Ehemann und zu $3/4$ von ihrem Sohn beerbt. Der Ehemann beantragte die Ausstellung eines Erbscheins dahin, daß Erben seines Schwiegervaters nach Wegfall der Vorerbin er selbst zu $1/8$, sein Sohn zu $3/8$ und sein Schwager zu $1/2$ seien. Das Nachlaßgericht wies den Antrag ab mit der Begründung, daß gemäß § 2069 BGB. an die Stelle der Frau des Antragstellers als Nacherbin ausschließlich ihr Sohn getreten sei. Die Beschwerde wurde zurückgewiesen. Das Kammergericht wollte auch die weitere Beschwerde zurückweisen, legte aber wegen entgegenstehender Entscheidungen des Reichsgerichts diesem die Sache vor. Dieses hielt an der in seinen früheren Entscheidungen kundgegebenen Auf-

fassung fest. Gemäß § 2096 BGB. kann der Erblasser bei Einsetzung eines Nacherben für den Fall, daß dieser vor oder nach Eintritt des Erbfalles wegfällt, ersatzweise einen anderen Nacherben bestimmen. Unter dem Wegfallen ist dabei zu verstehen, daß der in erster Reihe eingesetzte Nacherbe aus irgendwelchen Gründen (Versterben vor dem Erblasser, Erbverzicht, Ausschlagung der Erbschaft) nicht Erbe wird. Ob dazu auch sein Tod in der Zwischenzeit zwischen dem Erbfall und dem Eintritt der Nacherbfolge gehört, hängt grundsätzlich von dem Willen des Erblassers ab; bei aufschiebend bedingter Nacherbeneinsetzung spricht die Vermutung für einen solchen Willen, bei lediglich aufschiebend befristeter Nacherbeneinsetzung aber dagegen (BGB. §§ 2074, 2108). Die Berufung eines Ersatzerben für einen lediglich aufschiebend befristet eingesetzten Nacherben bei dessen Versterben in der Zwischenzeit hat also zwei Voraussetzungen: der Erblasser muß die Nichtvererblichkeit der Nacherbenanwartschaft gewollt und er muß einen Ersatznacherben ernannt haben. Beide Voraussetzungen sind voneinander unabhängig; der Erblasser kann auch einen Ersatznacherben ernennen, ohne die Vererblichkeit der Nacherbenanwartschaft auszuschließen, so daß dieser nur für den Fall berufen ist, daß der Nacherbe aus anderen Gründen nicht Erbe werden kann, während bei seinem Versterben in der Zwischenzeit seine Rechte auf seine Erben übergehen. Die Einsetzung eines Ersatznacherben allein ergibt noch keinen auf Ausschluß der Vererblichkeit der Nacherbenanwartschaft gerichteten Willen des Erblassers. Es wird dem Erblasser, zumal wenn er eine ihm blutmäßig nahestehende Person als Nacherben eingesetzt hat, deren Gesinnung und Fähigkeit er kennt und die mit seinen eigenen Absichten und Plänen für seinen Nachlaß vertraut ist, im allgemeinen näher liegen, statt selber starre und nach der späteren Entwicklung vielleicht unsachgemäße Anordnungen zu treffen, dem Nacherben ebenso, wie wenn dieser den Eintritt der Nacherbefolge erlebt, auch für den Fall seines früheren Versterbens die Bestimmung über das Schicksal des Nachlasses zu übertragen, ihm also eine vererbliche Anwartschaft darauf zuzuwenden. Gehört der Nacherbe zu den gesetzlichen Erben des Erblassers oder ist er gar pflichtteilsberechtigt, stellt daher seine Einsetzung als Nacherbe einen Ersatz für ein ihm sonst unmittelbar mit dem Erbfalle zukommendes Recht dar, so spricht schon dieser Umstand stark dafür, daß der Erblasser ihm nicht bloß eine durch das Erleben des Zeitpunktes der Nacherbfolge bedingte, unsichere Aussicht auf den Nachlaß zukommen lassen wollte, sondern eine davon unabhängig zuverlässige Anwartschaft auf dessen demnächstigen Erwerb, auf die er sich schon vom Erbfall an in seiner und seiner Familie Lebensführung ohne Gefahr einrichten kann. Aber auch sonst läßt sich allein aus der Einsetzung eines Nacherben noch nicht der Wille des Erblassers entnehmen, seinen Nachlaß dann, wenn der Nacherbe in der Zwischenzeit zwischen dem Erbfall und dem für die Nacherbfolge festgesetzten Zeitpunkt verstirbt, nicht ebenso an seine gesetzlichen Erben gelangen zu lassen, wie wenn er jenen Zeitpunkt überlebt hätte. Um Unvererblichkeit der Nacherbenanwartschaft als vom Erblasser gewollt ansehen zu können, müssen vielmehr zu der Ersatzerbeneinsetzung immer noch weitere, auf einen solchen Willen weisende Umstände hinzukommen. Diese brauchen nicht notwendig aus dem Testament hervorzugehen; es genügt, wenn sie bei ergänzender Auslegung auf einen derartigen Willen des Erblassers schließen lassen. Was hienach für den Fall ausdrücklicher Einsetzung eines Ersatznacherben Rechtens ist, muß grundsätzlich ebenso gelten, wenn nach § 2069 BGB. mangels Anhalt für einen gegenteiligen Willen des Erblassers eine ersatzweise Berufung der Abkömmlinge des Nacherben, soweit sie bei gesetzlicher Erbfolge an seine Stelle treten würden, bei der Einsetzung eines Abkömmlings zum Nacherben als stillschweigend miterklärt anzunehmen ist. Darin, daß der eingesetzte Nacherbe ein Abkömmling des Erblassers ist, liegt nicht schon eine zulängliche Grundlage dafür, daß der Erblasser ihm nicht bereits mit dem Erbfall eine feste und unverlierbare Anwartschaft auf den Nachlaß hätte zukommen lassen, sondern nur die Aussicht auf dessen Erwerb bei Erleben des Zeitpunktes der Nacherbfolge hätte eröffnen wollen. Ein solcher, auf Unvererblichkeit der Nacherbenanwartschaft gerichteter Wille des Erblassers läßt sich nur aus den besonderen Umständen des Einzelfalles folgern. Sofern besondere Anhaltspunkte dafür fehlen, daß der Erblasser keine Vererblichkeit der Nacherbenanwartschaft gewollt hat, muß es auch in den Fällen des § 2069 BGB. bei der Regel des § 2108 BGB. verbleiben. (IV, 11. März 1942.)

Amtl. Sammlg. S. 38—44.
Vgl. Bd. 142 S. 171.

5. **Unlauterer Wettbewerb. Herkunftsbezeichnung.** (Unl. WG. §§ 3, 13.) Für einen in Schlesien hergestellten Brombeerlikör war seit 1913 das Warenzeichen „Glatzer Gebirgskroatzbeere" eingetragen. Ein anderer Fabrikant brachte einen Brombeerlikör unter der Bezeichnung „Echte Kroatzbeere" in den Handel. Die Klage des ersten Fabrikanten auf Unterlassung und Schadenersatz drang durch. Kroatzbeere ist eine Bezeichnung für Brombeere, die nicht auf Schlesien beschränkt ist, sondern sich auch im östlichen Mitteldeutschland findet; besonders gebräuchlich ist sie in der Grafschaft Glatz. Da auch von deutschen Fabrikanten außerhalb Schlesiens das Wort Kroatzbeere als Bezeichnung für Brombeere gebraucht wird, ist davon auszugehen, daß das Wort zu einer allgemeinen Beschaffenheitsangabe für Brombeerlikör geworden ist und daß die beteiligten Verkehrskreise in der mundartlichen Bezeichnung allein einen Hinweis auf eine bestimmte örtliche Herkunft nicht oder nicht mehr erblicken. Der Beklagte verwendete aber das Wort „Kroatzbeere" nicht allein, sondern unter Voranstellung des Beiwortes „echt"; dieser Zusatz machte (ebenso wie der Zusatz „Original") die Bezeichnung zu einer Herkunftsangabe. Da der Beklagte seine Niederlassung in Berlin hatte und dort seinen Brombeerlikör herstellte, lag in dessen Bezeichnung „Echte Kroatzbeere" eine unrichtige Angabe über den Ursprung der Ware. Diese war auch geeignet, den Anschein eines besonders günstigen Angebots hervorzurufen. Die Abnehmer eines als „Echte Kroatzbeere" angebotenen Likörs wurden in den Glauben versetzt, etwas Besonderes zu erhalten, indem der angebotene Likör entweder aus echten schlesischen Brombeeren oder nach besonderen örtlichen Rezepten oder örtlichen Erfahrungen hergestellt sei. Bei Anwendung der im Verkehr erforderlichen Sorgfalt mußte sich der Beklagte auch sagen, daß durch den Zusatz des Beiwortes „echt" bei den Abnehmern eine unrichtige Vorstellung über die Herkunft des Likörs hervorgerufen werde. Darauf, daß ihm der Sinn des Wortes „Kroatzbeere" als einer örtlich begrenzten mundartlichen Bezeich-

nung für Brombeere nicht bekannt gewesen sei, konnte er sich nicht berufen; denn es muß von jemandem, der eine Ware unter einer bestimmten Bezeichnung in den Verkehr bringt und sich mit dieser am Wettbewerb beteiligt, verlangt werden, daß er sich vorher über den Sinn und die Bedeutung dieser Bezeichnung unterrichtet. Zur Begründung des Schadenersatzanspruchs des Klägers war nicht erforderlich, daß der Beklagte mit der Verletzung eines Schutzrechtes der Klägerin rechnen mußte. Deshalb war es dafür ohne Bedeutung, daß der Beklagte auf Anfragen bei den Industrie- und Handelskammern die Auskunft erhielt, die Bezeichnung „Echte Kroatzbeere" habe sich in den beteiligten Verkehrskreisen nicht als Hinweis auf die Herkunft des Likörs vom Kläger durchgesetzt. (II, 16. März 1942.) Amtl. Sammlg. S. 44—48.

Vgl. Bd. 137 S. 282.

6. **Abstammungsklage. Zeugnisverweigerungsrecht.** (ZPO. §§ 383, 385; FamRÄndG. § 9.) In einem Rechtsstreit über die blutmäßige Abstammung eines unehelichen Kindes verweigerte dessen Mutter das Zeugnis. In Übereinstimmung mit den Untergerichten erklärte das Reichsgericht die Zeugnisverweigerung als berechtigt. Ausgeschlossen ist das Recht nur, soweit es sich um Geburten, Verheiratungen oder Sterbefälle von Familienmitgliedern oder um Tatsachen handelt, welche die durch Familienverhältnisse bedingten Vermögensangelegenheiten betreffen. Nach dem Familienrechtsänderungsgesetz vom 12. April 1938 sind in familienrechtlichen Streitigkeiten, in denen es sich um die Abstammung eines Kindes handelt, die Parteien und Zeugen zwar verpflichtet, sich erb- und rassenkundlichen Untersuchungen zu unterwerfen; an den bestehenden Vorschriften über das Recht der Verweigerung des Zeugnisses wurde aber dadurch nichts geändert. (IV, 25. März 1942.) Amtl. Sammlg. S. 48—50.

7. **Prozeßkosten. Streitgehilfe.** (ZPO. §§ 66, 71.) In einem Ehescheidungsstreit erklärte der Rechtsanwalt, der dem Kläger im zweiten Rechtszug als Armenanwalt beigeordnet worden war, im Revisionsverfahren seinen Beitritt als Streitgehilfe mit der Begründung, daß ihm die Beitreibung seiner Kosten, soweit sie ihm nicht aus der Gerichtskasse ersetzt worden waren, nur möglich sei, wenn die Beklagte endgültig zur Kostentragung verurteilt werde.

Das Reichsgericht wies den Beitritt als unzulässig zurück. Es ließ die Frage offen, ob überhaupt in gewissen Fällen der Beitritt zulässig ist, wenn die Entscheidung nur im Kostenpunkt gegen einen am Streite nicht Beteiligten wirkt, wie etwa in einem Rechtsstreit der Ehefrau die ihr ungünstige Kostenentscheidung gegenüber dem Ehemann. Keinesfalls kann aber der erst durch die Führung des Rechtsstreits selbst entstehende verfahrensrechtliche Kostenerstattungsanspruch des Anwalts das für den Beitritt erforderliche rechtliche Interesse begründen. Ein solches Interesse ist nur zu bejahen, wenn die Gefahr besteht, daß das Unterliegen der Partei die Rechtslage des Dritten zu seinem Nachteil verändert; abgestellt ist dabei naturgemäß auf die Rechtslage, wie sie unabhängig von dem Rechtsstreit besteht. Diese Rechtslage des Prozeßbevollmächtigten wird durch die Kostenentscheidung nicht berührt. Die andere Auffassung würde zur Folge haben, daß alle Prozeßbevollmächtigten der unteren Rechtszüge des Rechtsstreit als Streitgehilfen ihrer Parteien beitreten könnten und daß die unterliegende Partei dann auch die Kosten der Streitgehilfen der Gegenpartei zu tragen hätte. Für den vorliegenden Fall kam noch dazu, daß mit einer Klage im Eherechtsstreit die Geltendmachung vermögensrechtlicher Ansprüche (abgesehen von Unterhaltsansprüchen) nicht verbunden werden kann; es liegt offensichtlich im Sinne des Gesetzes, daß aus einem vermögensrechtlichen Interesse auch nicht die Berechtigung zum Beitritt als Streitgehilfe hergeleitet werden kann. Es widerspräche dem gesunden Volksempfinden, wenn auf einen Rechtsstreit, in dem erhebliche ideelle Belange der Parteien und der Allgemeinheit zur Entscheidung stehen, jemand Einfluß gewinnen könnte, der nur wegen eines vermögensrechtlichen Anspruchs, und vollends wegen einer Kostenforderung, daran teilnähme. (IV, 25. März 1942.)

Amtl. Sammlg. S. 50—52.

8. **Schiedsspruch. Vollstreckbarerklärung.** (ZPO. § 1042.) In einem Schiedsverfahren wurde geklagt auf Ausschluß des Beklagten aus der Gesellschaft, in der er mit den Klägern stand, auf Ermächtigung der Kläger zur Übernahme des Geschäfts und auf Festsetzung des Auseinandersetzungsguthabens des Beklagten. Das Schiedsgericht gab dem ersten Antrage statt, behielt sich aber die Entscheidung

über die Zeit der Wirksamkeit des Ausschlusses vor. Die Kläger beantragten, den Schiedsspruch für vollstreckbar zu erklären. Der Beklagte verlangte mit Widerklage die Aufhebung des Spruches. Das Reichsgericht wies beide Anträge als zur Zeit verfrüht ab. Das Schiedsgericht war allerdings nicht gehindert, über den Antrag auf Ausschluß des Beklagten durch Teilurteil zu entscheiden; der von ihm gefällte Spruch war aber weder ein Teilurteil noch ein Zwischenurteil. Er schloß den Streit über den Ausschluß nicht ab, sondern behielt in der für die Wirksamkeit des Ausschlusses entscheidenden Frage seines Zeitpunktes weitere Erwägungen ausdrücklich vor. Der Teilspruch lief hienach lediglich auf die Klarstellung einer Grundlage für die künftige Entscheidung der Ausschlußfrage, nämlich des Vorhandenseins ausreichender Gründe für den Ausschluß, hinaus. Eine solche Vorabentscheidung über das Vorhandensein von Ausschlußgründen hat keine selbständige Bedeutung. An eine solche Entscheidung würde das Schiedsgericht für sein weiteres Verfahren selbst nicht gebunden sein; sie kann also auch nicht für vollstreckbar erklärt werden. (VII, 27. März 1942.)

Amtl. Sammlg. S. 52—54.

9. **Überweisung zur Einziehung. Abtretung. Vergleich.** (ZPO. § 835.) W. wurde verurteilt, an H. 10000 *RM* nebst Zinsen in der Weise zu zahlen, daß von dieser Summe einige einzeln aufgeführte Beträge an Gläubiger des H., die sich seine Forderung für diese Beträge hatten pfänden und zur Einziehung überweisen lassen, abzuführen seien. H. ließ auf Grund des Urteils Pfändung bei W. vornehmen. Dieser klagte mit dem Antrag, die Zwangsvollstreckung für unzulässig zu erklären. Auf seine Veranlassung hatte ein Unterhändler P. mit den Gläubigern, denen ein Teil der von ihm geschuldeten Summe zur Einziehung überwiesen war, verhandelt, sich von diesen ihre Forderungen einschließlich der durch die Pfändung und Überweisung erworbenen Rechte um erheblich geringere Beträge abtreten und sich die Vollstreckungstitel aushändigen lassen; diese hatte er dann an den Kläger weitergegeben und sich für restlos befriedigt erklärt. Der Kläger verlangte demgemäß, daß auf die von ihm an den Beklagten geschuldete Urteilssumme die Beträge anzurechnen seien, die Gegenstand seiner Verpflichtung

gegenüber jenen Gläubigern waren; der Beklagte dagegen vertrat den Standpunkt, daß sich der Kläger auf seine Schuld nur die Beträge anrechnen lassen könne, die er durch P. tatsächlich an die Pfändungsgläubiger bezahlt hatte. In allen Rechtszügen wurde die Auffassung des Klägers als richtig anerkannt. Regelmäßig kann der Gläubiger, dem eine Forderung seines Schuldners zur Einziehung überwiesen worden ist, nur solche Rechtsgeschäfte vornehmen, die dem Zwecke dienen, die Leistung des Schuldners herbeizuführen oder zu ersetzen; er kann also die Forderung kündigen, eine Leistung an Zahlungs Statt mit dem Drittschuldner vereinbaren, nicht aber mit Wirkung gegen den Schuldner Stundung oder Nachlaß der Forderung gewähren oder die gepfändete Forderung abtreten. Wohl aber kann er auch diese Handlungen vornehmen, wenn er die gepfändete Forderung in voller Höhe des ihm überwiesenen Betrages auf die zu vollstreckende Forderung gegen seinen Schuldner anrechnet. Bei solcher Art der Einziehung durch den Pfändungsgläubiger tritt vollkommene Befreiung des Schuldners in der Höhe des überwiesenen Betrages ein; es ist deshalb kein Grund ersichtlich, weshalb diese Art der Einziehung dem Schuldner gegenüber nicht wirksam und dieser berechtigt sein sollte, den Betrag, um den die Abfindungssumme hinter dem Nennbetrag der zur Einziehung überwiesenen Forderung zurückbleibt, als nicht getilgt und in seinem Vermögen verblieben, für sich in Anspruch zu nehmen. Für den vorliegenden Fall war übrigens zu beachten, daß P., wenn auch als Treuhänder des W., so doch in eigenem Namen handelte; danach hatte er die Forderungen der Pfändungsgläubiger nebst den dafür bestehenden Pfand- und Einziehungsrechten mindestens nach außen hin, also auch dem Beklagten gegenüber, in eigenem Namen erworben und sich hernach mit dem Kläger als Drittschuldner auseinandergesetzt. Die Abtretung der Pfandgläubiger an P. waren von dem Rechtsgeschäft, durch das dieser sich als nunmehriger Inhaber der Forderungen dem Kläger als dem Drittschuldner gegenüber für befriedigt erklärte, rechtlich zu scheiden; P. war, vom Beklagten aus gesehen, lediglich als Rechtsnachfolger der Gläubiger zu betrachten, deren Forderungen gegen den Beklagten er käuflich erworben hatte. Bei dieser Sach- und Rechtslage war es, vom

Beklagten aus gesehen, ganz gleichgültig, welchen Preis P. für die Forderungen den Gläubigern bezahlt hatte. Die Abtretung stand den Gläubigern des Beklagten dann frei, wenn sie sich in voller Höhe des ihnen zur Einziehung überwiesenen Betrages für befriedigt erklärten; das hatten sie nach der Feststellung des Berufungsgerichts getan, wie sich schon aus der Herausgabe der Schuldtitel ergab. Der Beklagte konnte also diese Art der Einziehung nicht als ihm gegenüber teilweise wirkungslos behandeln. (VII, 27. März 1942.)

Amtl. Sammlg. S. 54—57.

10. Ehescheidung. Umwandlungsverfahren. Ausländisches Urteil. Zuständigkeit. (EheG. § 115; 4. DurchfVO. § 2; ZPO. § 36 Nr. 6; ÖstJN. § 47.) Die Parteien hatten im Jahr 1917 im damals österreichischen Südtirol miteinander die Ehe geschlossen. Sie waren österreichische Staatsangehörige und blieben das auch nach der Abtretung von Südtirol an Italien. Der Ehemann verlegte später seinen Wohnsitz nach Wien, während die Ehefrau in Bozen zurückblieb. Im Jahre 1926 wurde die Ehe durch das italienische Gericht in Bozen von Tisch und Bett geschieden. Im Jahr 1941 beantragte die Frau beim Amtsgericht Wien die Umwandlung der Scheidung von Tisch und Bett in eine solche dem Bande nach. Das Amtsgericht Wien übergab die Sache gemäß § 2 der 4. Durchf.-VO.z.EheG. dem Amtsgericht Berlin; dieses leitete sie an an das Amtsgericht Wien zurück. Das Reichsgericht erklärte das Amtsgericht Wien für zuständig. Die Frage, ob ein ausländisches Urteil, durch das eine Ehe von Tisch und Bett geschieden wird, die Grundlage für ein außerstreitiges Umwandlungsverfahren in eine Scheidung dem Bande nach bilden kann, wurde bisher von der Rechtsprechung überwiegend verneint. Diese Ansicht läßt sich jetzt nach § 2 der 4. DurchfVOzEheG. nicht mehr aufrecht halten. Die beiden Ehegatten hatten durch die Wiedervereinigung Österreichs mit dem Großdeutschen Reich die deutsche Staatsangehörigkeit erworben. Der Ehemann hatte seinen Wohnsitz in Wien. Die Zuständigkeit des Reichsgerichts zur Entscheidung von Zuständigkeitsstreitigkeiten zwischen einem Gericht in den zum ehemaligen Österreich gehörigen Reichsgauen und einem Gericht des

Altreichs wurde neuerdings bejaht. (IV, 1. April 1942.)
Amtl. Sammlg. S. 57—59.
Vgl. Bd. 161 S. 8, 266; Bd. 166 S. 377.

11. Ehescheidung. (EheG. §§ 49, 50, 53, 95.) Aus einer im Jahr 1934 geschlossenen Ehe ging eine im Jahr 1935 geborene Tochter hervor. Schon vor der Eheschließung war die Ehefrau wegen einer dem schizophrenen Formenkreis zugehörigen Geisteserkrankung mehrere Monate in einer Heilanstalt untergebracht gewesen; obwohl später neue Erkrankungen nicht vorgekommen waren, wurde sie im Jahr 1937 gemäß Beschluß des Erbgesundheitsgerichts unfruchtbar gemacht. Im November 1940 erklärte der Ehemann, sich scheiden lassen zu wollen. Die Frau unternahm daraufhin einen Selbstmordversuch, indem sie sich mit ihrem Kinde in der Küche einschloß und den Gashahn öffnete. Im Dezember 1940 kam es zur Trennung. Die Scheidungsklage des Ehemanns wurde in allen Rechtszügen abgewiesen. Nach dem ärztlichen Gutachten, dem sich das Berufungsgericht völlig angeschlossen hatte, war die Beklagte zwar erheblich belastet, auch affektlabil, indem sie auf Gemütserregungen in etwas regelwidriger Weise ansprach, aber geistig normal. Außer in dem an sich als ehewidriges Verhalten anzusehenden Selbstmordversuch hatte sie in der Ehe kein regelwidriges Verhalten gezeigt; und zu dem Vorfall war es nur dadurch gekommen, daß die Beklagte durch das überraschende Scheidungsbegehren des Klägers kopflos geworden war. War der Anlaß zur Erregung besonders bedeutsam und hielt sich die dadurch ausgelöste Handlung immerhin noch in einem gewissen Maße, so ist unter Umständen das, was sonst als schwere Eheverfehlung anzusehen wäre, keine solche. Angesichts der von der Beklagten an den Tag gelegten Hemmungslosigkeit würde der Selbstmordversuch sich allerdings als schwere Eheverfehlung darstellen, wenn nicht ihre Affektlabilität ihre Verantwortung für diese Hemmungslosigkeit milderte. In Frage konnte aber kommen, ob nicht bei richtiger Auslegung des Begriffs der geistigen Störung der Tatbestand des § 50 EheG. gegeben war. Das Berufungsgericht hatte das mit der Begründung verneint, daß eine nur bei außergewöhnlicher seelischer Belastung auftretende Beeinflussung nicht als geistige Störung gelten könne, da sie nicht, wie z. B. die Hysterie, ein krankhafter geistiger Zustand sei, der, auch ohne besondere Geschehnisse der Umwelt ausgelöst zu sein, immer wieder in die Erscheinung trete. Das Reichsgericht schloß sich dieser Auffassung an. Die früheren Entscheidungen des Reichsgerichts, daß es nicht so sehr auf die Art der geistigen Störung ankomme als darauf, daß ein krankhafter Gemüts- und Geisteszustand Handlungen herbeigeführt habe, die ein vernünftig denkender, gesunder Mensch nicht vornehmen würde, konnten im vorliegenden Falle nicht ohne weiteres angewendet werden. Die Handlungen, die den Tatbestand des § 50 EheG. erfüllen sollen, müssen ihre Grundlage in der geistigen Störung haben, ohne daß es gerade auf die Art dieser Störung entscheidend ankommt. Nach der Feststellung des Berufungsgerichts befand sich die Beklagte bei dem Vorfall mit Grund in einer hohen Erregung, die ihr Verhalten erklärte, wenn auch nicht entschuldigte. Ihre Affektlabilität wirkte sich nur als zusätzlicher Faktor bei ihrem Verhalten aus. Es handelte sich also gar nicht entscheidend um den Begriff der geistigen Störung, unter den auch die Affektlabilität fallen könnte, wenn sie aus nichtigem Anlaß ganz unvernünftige Erregungshandlungen zur Folge gehabt hätte. Entscheidend war, daß nach der rechtlich einwandfreien Auffassung des Berufungsgerichts die Handlungen der Beklagten nicht sehr erheblich von dem abwichen, was in solcher Erregung auch ein gesunder und vernünftiger Mensch tun könnte, und daß sich deshalb nicht sagen ließ, daß ihre Grundlage in einer geistigen Störung der Beklagten zu finden sei. Dieser Auffassung stand auch nicht entgegen, daß der Vorfall sich erst längere Zeit nach der Mitteilung des Mannes von seiner Scheidungsabsicht ereignet hatte. Nach Lage der Dinge war es verständlich, daß der Beklagten der Gedanke, ihr Mann habe sich trotz des bisher glücklichen Verlaufs der Ehe von ihr abgewandt, immer noch unfaßbar war und sie deshalb aus ihrer inneren Erregung nicht herauskam. Soweit das Scheidungsverlangen auf Unfruchtbarkeit der Beklagten gestützt war, mußte es schon daran scheitern, daß die Frist für die Klageerhebung nach § 95 EheG. nicht eingehalten war. (IV, 1. April 1942.) Amtl. Sammlg. S. 59—64.

Vgl. Bd. 161 S. 106.

12. Gesellschaft mit beschränkter Haftung. Gemeinnützigkeit. Grundstückverkehr. Ankaufsrecht. Wiederkaufsrecht. Vorkaufsrecht. Optionsrecht. Vertragsauslegung. Umdeutung. Veräußerung. Wegfall der Geschäftsgrundlage. Unzulässige Rechtsausübung. Verwirkung. Urteilsbegründung. (BGB. §§ 45, 125, 145, 242, 310, 313, 328, 497, 504; GmbHG. §§ 53, 72; VO. vom 1. Dezember 1930 Teil 7 Kap. III § 31; FGG. §§ 175, 176, 189; ZPO. §§ 551, 554, 556.) Im Frühjahr 1919 wurde in einer sächsischen Gemeinde eine Gesellschaft mit beschränkter Haftung begründet, die nach ihrer Satzung den Zweck hatte, minderbemittelten Personen und Angehörigen des Mittelstandes Wohnungen zu billigen Preisen zu verschaffen. Sie bezeichnete sich als gemeinnützige Bauvereinigung. Der nach Auszahlung eines Gewinnanteils von höchstens 6% verbleibende Jahresgewinn sollte dem Gesellschaftszweck wieder zugeführt werden. Zu Abänderungen des Gesellschaftsvertrags war die Zustimmung des Gemeinderats erforderlich, wenn die Abänderungen geeignet waren, die gemeinnützige Grundlage des Unternehmens zu beeinträchtigen; Meinungsverschiedenheiten hierüber sollte die Gemeindeaufsichtsbehörde unter Ausschluß des Rechtswegs entscheiden. Bei Auflösung der Gesellschaft sollten die Gesellschafter nach Befriedigung sämtlicher Gläubiger den Nennwert ihrer Stammanteile nach Maßgabe ihrer Einzahlungen erhalten; der Rest des Vermögens sollte der Gemeinde zufallen. Die Gesellschaft erwarb einige Grundstücke von der Gemeinde, einige von anderer Seite. Zur Ausführung der Wohnungsbauten erhielt sie zunächst Zuschüsse vom Reich, vom Lande Sachsen und von der Gemeinde. Im Zusammenhang damit räumte sie der Gemeinde an allen ihren Grundstücken die Ausübung eines Wiederkaufsrechts ein, falls sie oder ihre Rechtsnachfolger einzelne oder sämtliche Grundstücke veräußern wollten; als Wiederkaufssumme sollte der vom Landeswohnungsamt festgesetzte Ertragswert gelten abzüglich ½% jährlich für Wertminderung infolge Abnutzung. Zur Sicherung dieses Wiederkaufsrechts bewilligte die Gesellschaft die Eintragung von Vormerkungen. Die Erklärung der Gesellschaft wurde am 15. Oktober 1919 gerichtlich beurkundet; die Annahmeerklärung der Gemeinde wurde in einem schriftlichen Zusatz unter Beidrückung des Gemeindesiegels abgegeben. Die Vormerkungen wurden eingetragen; später (im Jahr 1931) wurden gegen deren Richtigkeit von Amts wegen Widersprüche zugunsten der Gesellschaft beigefügt. Das Stammkapital der Gesellschaft wurde im Jahr 1925 auf 15000 RM umgestellt. Im Jahr 1929 gingen alle Geschäftsanteile an zwei Gesellschafter über, von denen der eine solche im Betrage von 14400 RM, der andere solche im Betrage von 600 RM erwarb; der erste der beiden Gesellschafter wurde zum Geschäftsführer bestellt. Im Jahr 1932 beschlossen die beiden Gesellschafter, daß der Reingewinn bis zu 5% unter sie nach Maßgabe ihrer Geschäftsanteile verteilt werden sollte; die Gemeinde stimmte zu. Im Jahr 1933 wurde der Gesellschaft die Eigenart als gemeinnütziges Wohnungsunternehmen aberkannt; mit Zustimmung der Gemeinde änderte sie ihren Namen dahin, daß sie sich als „Bauvereinigung G., G.m.b.H." bezeichnete. In einer Gesellschafterversammlung vom Jahr 1934 wurden die Bestimmungen des Gesellschaftsvertrags über die Mitwirkung der Gemeinde bei Änderungen und über den Anfall des Vermögens an die Gemeinde im Falle der Auflösung aufgehoben; die Änderungen wurden ohne Befragung der Gemeinde in das Handelsregister eingetragen. Im Jahr 1937 beschloß die Gesellschafterversammlung die Auflösung der Gesellschaft ohne Abwicklung und die Übertragung ihres Vermögens auf den Hauptgesellschafter; auch dieser Beschluß wurde ohne Befragung der Gemeinde in das Handelsregister eingetragen. Der Grundbesitz der Gesellschaft wurde im Grundbuch auf den bisherigen Hauptgesellschafter umgeschrieben. Im Oktober 1938 erhob die Gemeinde gegen ihn Klage auf Übertragung des Eigentums an sie gegen Ersatz seines Erwerbsaufwandes; hilfsweise verlangte sie Schadenersatz. Das Landgericht wies die Berufung hinsichtlich des Hauptantrags zurück und erklärte das Verlangen von Schadenersatz dem Grunde nach für gerechtfertigt. Auf die Revision beider Teile wurde die Sache zurückverwiesen.

I. Anspruch auf Übertragung des Eigentums. Zu diesem mit dem Hauptantrag verfolgten Anspruch war zuerst Stellung zu nehmen; über den Hilfsantrag konnte erst entschieden werden, wenn sich der Hauptantrag als unbegründet herausgestellt hatte.

1. Der Anspruch wurde in erster Reihe gestützt auf die Urkunde vom 15. Oktober 1919. Das dort der Gemeinde eingeräumte Recht war kein Wiederkaufsrecht, da auf einen Veräußerungsvertrag, durch den die Gemeinde der Gesellschaft die Grundstücke verkauft hatte, in keiner Weise bezug genommen war, auch ein Teil der Grundstücke gar nicht von der Gemeinde stammte. Es war auch kein Vorkaufsrecht, da die Ausübung des Rechts nicht von dem vorhergehenden Abschluß eines Kaufvertrags mit einem Dritten, sondern nur von dem Veräußerungswillen der Gesellschaft oder ihrer Rechtsnachfolger abhängig gemacht war. Auf die Unterordnung unter ein gesetzliches Vorbild kam es aber nicht an, da auf dem Gebiete des Schuldrechts grundsätzlich Vertragsfreiheit herrscht. Was die Beteiligten gewollt hatten, ließ sich im Wege der Vertragsauslegung ermitteln. Die Gesellschaft wollte sich durch ihre Erklärung verpflichten, unter gewissen Bedingungen das Eigentum an ihren Grundstücken auf die Gemeinde zu übertragen. Dieser Vertrag unterlag der Formvorschrift des § 313 BGB., und zwar der ganze Vertrag, also nicht nur die Verpflichtungserklärung der Gesellschaft, sondern auch die Annahmeerklärung der Gemeinde. Dieser Form war nicht genügt. Eine landesrechtliche Vorschrift, wonach die schriftliche Erklärung der Gemeinde unter Beifügung des Dienstsiegels ausgereicht hätte, bestand nicht. An der Ungültigkeit des Vertrags wurde auch durch die Eintragung von Vormerkungen nichts geändert. Die Gemeinde hatte geltend gemacht, daß ihr durch den Vertrag ein Optionsrecht eingeräumt werden sollte. Das kann auch in der Weise geschehen, daß der Teil, der sich zur Übertragung von Grundeigentum verpflichtet, dem anderen Teil zunächst nur ein Vertragsangebot macht und sich an dieses auf längere Zeit bindet. So konnte im vorliegenden Falle, zum mindesten auf Grund einer Umdeutung gemäß § 140 BGB., die Verpflichtungserklärung der Gesellschaft aufgefaßt werden. Der Anspruch auf Übertragung des Eigentums ließ aber hierauf solange nicht stützen, als nicht das Angebot in gerichtlicher oder notarischer Form angenommen war.

2. Die Ausübung des Ankaufsrechts der Gemeinde war davon abhängig gemacht, daß die Gesellschaft oder ihre Rechtsnachfolger die Grundstücke veräußern wollten. Eine

Veräußerung im eigentlichen Sinne hatte nicht stattgefunden; es war auch nicht behauptet, daß der Beklagte eine solche beabsichtigte. Bei der Beurteilung dieser Frage war aber zu berücksichtigen, was die Beteiligten veranlaßte, die Ausübung des Ankaufsrechts vom Veräußerungsfall abhängig zu machen. Die Annahme lag nahe, daß dadurch der der Gemeinde zugute kommende gemeinnützige Zweck, dem die Grundstücke der Gesellschaft gewidmet waren, sichergestellt werden sollte. Die Gefahr, daß dieser Zweck vereitelt würde, entstand schon dadurch, daß, nachdem der Gesellschaft die Gemeinnützigkeit aberkannt worden war, die Satzungsbestimmungen, welche diese Gemeinnützigkeit sicherstellten, aufgehoben wurden, vollends aber dadurch, daß das gesamte Vermögen der Gesellschaft auf den Beklagten übertragen wurde. Unter diesen Umständen war es naheliegend, die Verpflichtungserklärung sinngemäß dahin auszulegen, daß damit die Voraussetzung des Ankaufsrechts erfüllt war.

3. Die Klägerin hatte der Geltendmachung der formellen Nichtigkeit des Vertrags den Einwand der unzulässigen Rechtsausübung entgegengesetzt. Das Berufungsgericht hatte diesen Einwand mit der Begründung zurückgewiesen, daß er gegenüber der Berufung auf die Formnichtigkeit eines Vertrags nur erhoben werden könne, wenn der sich auf die Nichtigkeit berufende Teil den anderen Teil in den Glauben versetzt habe, die Form sei unnötig. Das erklärte das Reichsgericht für zu eng. Der Einwand ist immer zulässig, wenn die Lossagung von einem Vertrag nach den Beziehungen der Parteien, insbesondere nach dem bisherigen Verhalten des sich lossagenden Teils, mit dem allgemeinen Rechtsempfinden unvereinbar ist. Nach dieser Richtung war die Frage noch nicht geprüft worden. Es konnte ins Gewicht fallen, daß die Verpflichtungserklärung der Gesellschaft in gehöriger Form beurkundet worden war und daß es nur an einer ordnungsmäßigen Annahmeerklärung fehlte; auch die gesamten Umstände, die zur Abgabe der Verpflichtungserklärung geführt hatten, waren zu berücksichtigen: die Gründung der Gesellschaft unter Festlegung ihrer Gemeinnützigkeit in der Satzung, die Beihilfe aus öffentlichen Mitteln und alle wegen des früher verfolgten gemeinnützigen Zwecks bewilligten Vergünstigungen, die Übernahme des Vermögens der Gesell-

schaft einschließlich ihrer Verpflichtungen, also auch der Veräußerungsverpflichtung, durch den Beklagten. Anderseits war zu erwägen, ob nicht die Klägerin ihr Recht, sich auf unzulässige Rechtsausübung zu berufen, nach Treu und Glauben verwirkt hatte, weil sie, auf die Möglichkeit einer Formnichtigkeit des Vertrags durch die Eintragung eines Amtswiderspruchs gegen die Auflassungsvormerkung im Jahr 1931 hingewiesen, nichts unternommen hatte, um ihre angeblichen Rechte sicherzustellen, oder weil sie trotz Kenntnis des Umstandes, daß die Grundstücke ihrer Bindung an die Gemeinnützigkeit entkleidet waren, ihren Anspruch nicht in angemessener Zeit geltend gemacht und der Beklagte sich deshalb auf das Nichtbestehen eines solchen Anspruchs eingestellt hatte. Jedenfalls kam der Einwand der unzulässigen Rechtsausübung nicht in Betracht, wenn die Gemeinde noch in der Lage war, durch eine formgerechte Annahmeerklärung den Vertrag zustandezubringen, oder wenn sie auf andere Weise, etwa durch den hilfweise geltend gemachten Anspruch auf Schadenersatz, einen angemessenen Ausgleich herbeizuführen in der Lage war.

4. Auf die im Jahr 1934 aufgehobenen Bestimmungen des Gesellschaftsvertrags konnte die Klage nicht gestützt werden, nachdem die Gesellschafterversammlung die Aufhebung der Bestimmungen beschlossen hatte und der Beschluß in das Handelsregister eingetragen worden war.

5. Im zweiten Rechtszug hatte sich die Gemeinde für ihren Anspruch auch auf Wegfall der Geschäftsgrundlage berufen. Das Berufungsgericht war hierauf nicht weiter eingegangen, sondern hatte nur am Schluß der Entscheidungsgründe kurz bemerkt, daß dieses Vorbringen an seiner Auffassung nichts ändern könne. In dieser Bemerkung war eine Begründung für die Ablehnung dieses Klagegrundes nicht zu finden, was ausreichte, um einer hierauf gestützten Revision zum Erfolg zu verhelfen. Das Reichsgericht ging darauf nicht näher ein, da die Revision diesen Verfahrensmangel nicht gerügt hatte; es bemerkte aber, daß wegen Wegfall der Geschäftsgrundlage nur eine Herausgabe der Bereicherung verlangt werden könnte.

II. Anspruch auf Geldzahlung. Die Aufhebung des Urteils mußte sich ohne weiteres auch auf die Entscheidung über den Hilfsantrag erstrecken, weil über diesen erst entschieden werden konnte, wenn sich der Hauptantrag als unbegründet herausstellte. Es war auch selbständig zu prüfen, ob die Aufhebung dieser Entscheidung nicht aus anderen Gründen geboten war.

1. Der hilfweise geltend gemachte Anspruch hing damit zusammen, daß die Gesellschaft als gemeinnütziges Wohnungsunternehmen begründet worden war, später aber die Eigenschaft der Gemeinnützigkeit aberkannt erhalten hatte. Die Voraussetzungen, unter denen sich ein Wohnungsunternehmen als gemeinnützig bezeichnen darf, sowie die Wirkungen der Anerkennung oder Aberkennung der Gemeinnützigkeit sind durch mehrere Gesetze, zuletzt durch ein Reichsgesetz vom 29. Februar 1940, und Ausführungsverordnungen geregelt. Zur Zeit der Gründung der Gesellschaft galten diese Vorschriften noch nicht. Durch eine Verordnung des Sächsischen Ministeriums des Innern war die Gewährung von Baukostenzuschüssen an Bauvereinigungen davon abhängig gemacht, daß sie im Einverständnis mit dem Landeswohnungsamt gegründet wurden. Die Gesellschaft war schon vor Erlaß dieser Verordnung gegründet worden und hatte nachträglich die Zustimmung des Landeswohnungsamts zu der Gründung erhalten. Weitere Rechtswirkungen als die Möglichkeit der Erlangung von Baukostenzuschüssen und die sonstige bevorzugte Behandlung seitens der Behörden hatte diese Zustimmung nicht. Die Aberkennung der Gemeinnützigkeit erfolgte, weil die Gesellschaft sich den nachträglich aufgestellten Voraussetzungen nicht anpaßte. Die Folgen der Aberkennung sind im Gesetz über die Gemeinnützigkeit von Wohnungsunternehmungen vom 29. Februar 1940 näher umschrieben. Hienach kann die Anerkennungsbehörde zur Abgeltung der durch die Anerkennung erlangten Vorteile bestimmte geldliche Leistungen auferlegen, die an einen zu bestimmenden Empfänger zu zahlen sind; die Entscheidung kann im Verwaltungsstreitverfahren angefochten werden. Rückwirkende Kraft ist dieser Vorschrift nicht verliehen. Gegen die Zulässigkeit des Rechtswegs bestand hienach kein Bedenken, abgesehen davon, daß es sich im vorliegenden Falle nicht nur um die Abgeltung der durch die Anerkennung erlangten Vorteile handelte.

2. Das Berufungsgericht hatte die Berechtigung des Anspruchs aus der Bestimmung der Satzung der Gesellschaft hergeleitet, wonach im Falle ihrer Auflösung der

nach Zückzahlung der Stammeinlagen verbleibende Rest der Klägerin zufallen sollte. Es hatte darin einen Vertrag zugunsten der Gemeinde erblickt, durch den diese unmittelbar das Recht erworben habe, die ihr versprochene Leistung zu fordern. Die Bestimmung war durch Beschluß der Gesellschafterversammlung aufgehoben worden. Es fragte sich, ob das in rechtswirksamer Weise möglich war.

a) Die Satzung enthielt die weitere Bestimmung, daß zu Änderungen, die geeignet waren, die gemeinnützige Grundlage des Unternehmens zu beeinträchtigen, die Zustimmung des Gemeinderats erforderlich sei. Die herrschende Auffassung geht dahin, daß die Abänderung des Gesellschaftsvertrags einer G.m.b.H. nicht von der Zustimmung dritter Personen abhängig gemacht werden kann. Das Reichsgericht schloß sich dieser Auffassung an. Wenn in den Reichsgesetzen über die Regelung der Kohlenwirtschaft und der Kaliwirtschaft angeordnet ist, daß bei den durch sie eingeführten Gesellschaften Abänderungen der Gesellschaftsverträge der Genehmigung des Reichskohlenrats und des Reichskalirats bedürfen, so ist das eine gesetzliche Sonderregelung, welche die allgemein zwingende Gesetzesvorschrift, nach der über solche Änderungen ausschließlich die Gesellschafterversammlung als oberstes Willensorgan der Gesellschaft zu verfügen hat, nicht berührt. Das Reichsgericht erkannte auch kein Bedürfnis an, eine Ausnahme von dem Grundsatz zugunsten der öffentlichen Hand zu machen.

b) Hienach konnte auch die Bestimmung der Satzung, die das in Rede stehende Anfallrecht der Gemeinde vorsah, ohne deren Zustimmung aufgehoben werden. In dieser Bestimmung einen Vertrag zugunsten der Gemeinde zu erblicken, war rechtlich nicht möglich. Wenn es auch angeht, mit einem gewöhnlichen Gesellschaftsvertrag, durch den eine Gesellschaft bürgerlichen Rechts oder eine offene Handelsgesellschaft errichtet wird, einen Vertrag zugunsten dritter Personen zu verbinden, so ist das doch ausgeschlossen bei einem Gesellschaftsvertrag, der keine schuldrechtliche Bindung der Gesellschafter untereinander begründet, sondern eine neue Rechtspersönlichkeit schafft, die dann nur ihrerseits in Rechtsbeziehungen zu den einzelnen Gesellschaftern steht. Die durch den Gesellschaftsvertrag begründeten Rechte können nicht unmittelbar mit bindender

Wirkung einem Nichtgesellschafter zugute kommen. Einem bindenden Anfallsrecht der Klägerin stand auch die Vorschrift des § 310 BGB. entgegen, wonach ein Vertrag, durch den sich der eine Teil verpflichtet, dem anderen sein künftiges Vermögen oder einen Bruchteil davon zu übertragen, nichtig ist.

3. Auf Wegfall der Geschäftsgrundlage konnte die Gemeinde ihren Zahlungsanspruch nicht stützen. Sie hatte ausgeführt, daß sie der Gesellschaft keine Grundstücke verkauft und keine Baukostenzuschüsse gewährt hätte, wenn sie mit der Möglichkeit der Aberkennung der Gemeinnützigkeit oder der Beseitigung ihres Anfallrechts oder der Nichtigkeit der Vereinbarung über iht Ankaufsrecht gerechnet hätte. Das reichte nicht, um den von der Klägerin erhobenen Anspruch zu begründen. Es konnte höchstens ein Anpruch aus ungerechtfertigter Bereicherung in Frage kommen, also ein Anspruch auf Erstattung der Werte, welche die Klägerin hingegeben hatte, ohne entsprechende Gegenwerte zu erlangen. Sie verlangte aber ohne weiteres Ersatz des Wertes der inzwischen bebauten Grundstücke, einschließlich jener, welche die Gesellschaft nicht von ihr erworben hatte, abzüglich der Aufwendungen des Beklagten für ihren Erwerb. Für einen solchen Anspruch fehlte jede rechtliche Grundlage. (II, 30. März 1942.) Amtl. Sammlg. S. 65—84.

Vgl. Bd. 62 S. 414; Bd. 77 S. 415; Bd. 153 S. 59; Bd. 157, S. 209; JW. 1912 S. 192; 1928, S. 1923.

13. **Gastwirt. Beherbergungsvertrag. Mietvertrag. Ursächlicher Zusammenhang. Mitverschulden. Beweislast.** (BGB. §§ 254, 538, 823.) In einem Gasthaus wollte ein Gast in dem mit seinem Zimmer verbundenen Bad eine Dusche nehmen. Der Hebel der Dusche war sehr schwer beweglich; beim Versuch, ihn umzulegen, brach der Gast den Porzellangriff des Hebels ab und verletzte sich schwer an der Hand. Seine Klage auf Schadenersatz und Zahlung eines Schmerzensgeldes wurde im ersten Rechtszug abgewiesen. Das Berufungsgericht erkannte den Anspruch auf Schadenersatz zu einem Drittel als gerechtfertigt an. Die Revision beider Teile führte zur Zurückverweisung der Sache. Der Beherbergungsvertrag unterliegt grundsätzlich den Vorschriften über den Mietvertrag; ist der dem Gast überlassene Raum schon beim Abschluß

des Vertrags mit einem seine Tauglichkeit aufhebenden oder mindernden Fehler belastet, so haftet der Gastwirt für den aus dem Mangel entstehenden Schaden, ohne daß dabei ein ihm zur Last fallendes Verschulden erfordert wird. Daran wird auch durch den Umstand nichts geändert, daß der Gast in der Regel nicht die vollen Rechte des Mieters an dem ihm überlassenen Raume hat. Wenn der Gastwirt an diesem Raum eine größere Verfügungsgewalt, insbesondere das Hausrecht, behält, übernimmt er dem Gast gegenüber auch größere Pflichten hinsichtlich der Person und der eingebrachten Sachen. Diese Pflichten haben ihren Grund darin, daß der Gast bei der Berücksichtigung des mit dem Gasthausbetrieb verbundenen steten Wechsels der Wohnungsinhaber und aus anderen Gründen Gefahren ausgesetzt ist, zu deren Abwehr er in der Regel der Hilfe des Gastwirts nicht entraten kann. Deshalb erscheint es auch nicht unbillig, den Gastwirt der strengen Haftung des § 538 BGB. zu unterwerfen. Die Gewähr, die hienach der Vermieter dem Mieter gegenüber übernimmt, kann durch Vertrag ausdrücklich oder stillschweigend gemildert werden; grundsätzlich haftet aber der Gastwirt für das Geeignetsein der dem Gaste zur Verfügung gestellten Räume und Einrichtungen zum vertragsmäßigen Gebrauch. Das Berufungsgericht hatte festgestellt, daß der Reiber der Duschevorrichtung verklemmt war und eine Handhabung des Duschehebels ganz oder doch nahezu ausschloß, sowie daß dieser Zustand schon zur Zeit des Vertragsschlusses der Parteien vorhanden war. Die Entscheidung hing hienach davon ab, ob ein ursächlicher Zusammenhang zwischen dem fehlerhaften Zustand der Badeeinrichtung und der Verletzung des Klägers bestand. Ein natürlicher ursächlicher Zusammenhang genügte nicht zur Stütze der Klage; der Zusammenhang mußte vielmehr ein adäquater sein, d. h. die Möglichkeit des eingetretenen Erfolges durfte nicht von vornherein außerhalb jeder Wahrscheinlichkeit liegen. Das traf zu. Eine schwere Beweglichkeit des Duschehebels war nach den Feststellungen des Berufungsgerichts keine Seltenheit, weil die Reiber der Duschevorrichtung oft absichtlich fester als unbedingt nötig in das Gehäuse eingespannt werden, um das vielfach als lästig empfundene Nachtropfen der Brause auszuschalten; es lag dann nicht von vornherein außerhalb des Bereichs jeder Wahrscheinlichkeit, daß ein Gast, der an einer schweren Beweglichkeit des Duschehebels keinen Anstoß nahm, weil er wußte, daß sie bei solchen Hebeln oft vorkommt, ohne daß diese fehlerhaft sind, unbedenklich eine größere Kraft aufwendet, um den Widerstand zu überwinden. Eine Haftung des Beklagten aus dem Beherbergungsvertrag war also vom Berufungsgericht mit Recht bejaht worden. Dagegen kam eine Haftung aus unerlaubter Handlung, wie sie für den Anspruch auf Schmerzensgeld vorausgesetzt war, nicht in Frage. Die Möglichkeit des Bestehens einer solchen Haftung neben jener aus Vertrag ist allerdings in der Rechtsprechung allgemein anerkannt. Für den Beklagten ergab sich aus der allgemein und gegenüber jedermann bestehenden Rechtspflicht, niemand körperlich zu verletzen, in Verbindung mit dem Umstande, daß er ein Gasthaus betrieb, eine besondere Verkehrspflicht gegenüber allen sich befugterweise darin aufhaltenden Personen, dafür zu sorgen, daß die Einrichtung und alle dazu gehörigen Gegenstände weder durch ihre Beschaffenheit noch durch ihren ordnungsmäßigen Gebrauch eine Gefahr für die körperliche Unversehrtheit dieser Personen bedeuteten. Eine solche Gefahr barg aber der Zustand der in Betracht kommenden Duschevorrichtung nicht in sich. Der Hebel der Dusche saß nach den Feststellungen des Berufungsgerichts am Unfalltage derart fest, daß er selbst mit ganz besonderer Kraftanstrengung nicht zu bewegen war. Der Kläger wandte, um ihn umzulegen, eine außerordentliche Gewalt an, beobachtete also ein Verhalten, das außergewöhnlich war. Es hätte erwartet werden können, daß er sich auf den Versuch beschränkt hätte, den Hebel mit einer für einen etwas schwer beweglichen Duschehebel ausreichenden Kraft umzulegen, und daß er in der dann hinzutretenden Erkenntnis, daß diese nicht zum Ziele führe, von einem weiteren Umlegungsversuch Abstand genommen hätte. Sein Entschluß, den vorhandenen Widerstand zu beseitigen, war abwegig und brachte, wie er hätte erkennen müssen, erhebliche Gefahren für ihn mit sich. Bei dieser Sachlage konnte keine Rede davon sein, daß der Beklagte eine ihm außerhalb des Vertragsverhältnisses dem Kläger gegenüber obliegende Rechtspflicht verletzt hätte, wenn er nicht für eine rechtzeitige Beseitigung der Verklemmung Sorge trug. Die allgemeine Rechtspflicht, niemand körperlich zu verletzen, schloß für ihn auch unter Berücksichtigung des Umstandes, daß er sein Grundstück dem Verkehr eröffnet hatte, nicht die Verpflichtung in sich, die dem Kläger überlassenen Räume und Einrichtungen derart instandzuhalten, daß eine Gefahr für ihn aus deren Beschaffenheit unter gar keinen Umständen erwachsen konnte. Eine Haftung aus unerlaubter Handlung hätte zudem ein Verschulden an dem schädigenden Ereignis vorausgesetzt, für das jeder Nachweis fehlte. Das Berufungsgericht hatte ein überwiegendes Verschulden an dem Ereignis auf der Seite des Klägers angenommen. Das Reichsgericht erklärte diese Entscheidung für bedenklich. Die Annahme, daß bei der Entstehung des Schadens ein Verschulden des Klägers mitgewirkt hatte, lag nahe. Es war daher nach Maßgabe des § 254 BGB. ein billiger Ausgleich zu suchen. Das Berufungsgericht hätte prüfen müssen, ob und inwieweit neben dem als Schadensursache in erster Reihe in Betracht kommenden Mangel der Badeeinrichtung auch von dem Kläger eine Ursache gesetzt wurde, die im Zusammenwirken mit der ersten den Erfolg herbeiführte. Erst nachdem gegebenenfalls ermittelt war, welche der beiden Ursachen nach den Umständen und der Lebenserfahrung vorzugsweise zu dem Erfolg beigetragen hatte, also erst, nachdem auf Grund dieses Ergebnisses ein sachlicher Anhalt für die Bestimmung des jedem Teil zur Last zu legenden Anteils an der Herbeiführung des schädigenden Erfolges gewonnen war, konnte das Maß des von jedem Teil nach den Umständen des Falles zu vertretenden Verschuldens als weiterer Posten für die Findung eines angemessenen Ausgleichs herangezogen werden. Demgegenüber hatte sich das Berufungsgericht allein mit der Frage befaßt, in welchem Umfang der Kläger seinen Schaden selbst verschuldet habe. Aber auch die Abwägung des Verschuldens war von Rechtsirrtum beeinflußt. Bei der Verschuldensabwägung kam nicht nur ein Verschulden in Betracht, das ausgereicht hätte, um eine Haftung aus unerlaubter Handlung zu begründen, sondern auch das Verschulden, das der Beklagte auf Grund des Beherbergungsvertrags zu vertreten hatte. Für diesen Vertrag gilt eine Umkehrung der Beweislast in der Weise, daß der auf Schadenersatz in Anspruch genommene Gastwirt sich entlasten muß, wenn die Sachlage zunächst auf eine Verletzung der vertraglich gebotenen Sorgfaltspflicht schließen läßt. Diese Voraussetzung war hier keineswegs ohne weiteres zu verneinen. Das Berufungsgericht hätte also bei Abwägung des beiderseitigen Verschuldens zunächst vom Beklagten den Nachweis fordern müssen, daß und warum auch bei Erfüllung der im Verkehr erforderlichen Sorgfalt das Unbeweglichwerden des Duschehebels nicht zu verhüten oder nicht rechtzeitig zu beseitigen war. Dabei hätte es sich darüber aussprechen können und müssen, welches Maß von Sorgfalt nach der Verkehrsübung in einem Gasthaus für eine ordnungsmäßige Überprüfung der zur Überlassung an die Gäste in Betracht kommenden Räume und Einrichtungen zu fordern ist. Erst nach Klärung all dieser Fragen war eine Entscheidung im Rahmen des § 254 BGB. zu treffen. (V, 30. März 1942.)

Amtl. Sammlg. S. 84—97.

Vgl. Bd. 52 S. 172; Bd. 65 S. 11; Bd. 88 S. 433; Bd. 89 S. 384; Bd. 103 S. 263; Bd. 116 S. 213; Bd. 141 S. 353; Bd. 160 S. 153; JW. 1907 S. 705; 1935 S. 122; 1938 S. 2738, 2976.

14. **Erbrechtsfeststellung.** (BGB. §§ 1924 ff.; TestG. § 48; ZPO. § 256.) Eine Frau erhob gegen eine andere, die nach dem Kirchenbuch ihre Schwester war, Klage auf Feststellung, daß die Beklagte im Falle ihres Todes nicht zu ihren gesetzlichen Erben gehöre. Sie begründete die Klage damit, daß nach ihrer Überzeugung die Beklagte nicht ihre Schwester sei, sondern lediglich von ihren Eltern als Pflegekind in das Haus aufgenommen und wie ein eheliches Kind erzogen worden sei. In zwei Rechtszügen wurde die Klage abgewiesen. Das Reichsgericht verwies die Sache zurück. Es handelte sich nicht um Feststellung der blutmäßigen Abstammung der Beklagten, sondern nur um die Feststellung, daß die Beklagte gegenüber der Klägerin kein gesetzliches Erbrecht habe. Ein der Feststellung nach § 256 ZPO. zugängliches Rechtsverhältnis lag also vor. Zu Lebzeiten des Erblassers ist zwar ein Erbrecht auf seinen Nachlaß nicht gegeben; demgemäß wird auch eine Klage auf Feststellung eines solchen Erbrechts regelmäßig ausgeschlossen sein. Ein erst nach dem Tode des Erblassers zum Zuge kommendes Erbrecht kann aber schon

zu Lebzeiten des Erblassers Gegenstand eines Verzichts sein, und dieser Verzicht hat unmittelbare Wirkung. Ebenso sind Abmachungen unter den gesetzlichen Erben über den Nachlaß eines noch lebenden Dritten zulässig, wenn sie auch nur schuldrechtliche Wirkung haben. Nach nationalsozialistischer Auffassung besteht rechtlich eine weit engere Verbundenheit der Mitglieder einer Familie und Sippe in Ansehung des Nachlasses eines noch lebenden Erblassers als früher; das hat insbesondere in dem Gesetz über die Errichtung von Testamenten und Erbverträgen vom 31. Juli 1938 Ausdruck gefunden. § 48 dieses Gesetzes bestimmt, daß eine Verfügung von Todes wegen nichtig ist, soweit sie in einer dem gesunden Volksempfinden gröblich widersprechenden Weise gegen die Rücksichten verstößt, die ein verantwortungsbewußter Erblasser gegen Familie und Volksgemeinschaft zu nehmen hat. Damit ist zwar den Mitgliedern der Familie und Sippe kein Recht auf den Nachlaß oder einen Teil davon gegeben; es sind aber schon zu Lebzeiten des Erblassers Wirkungen eines Erbrechts anzuerkennen, und das Berufungsgericht irrte, wenn es meinte, die Klägerin könne frei über ihren Nachlaß verfügen, möge die Beklagte ihre Schwester sein oder nicht. Damit war auch ein rechtliches Interesse der Klägerin an der alsbaldigen Feststellung des Bestehens oder Nichtbestehens eines gesetzlichen Erbrechts dargetan. (VII, 31. März 1942.) Amtl. Sammlg. S. 98—100.
Vgl. Bd. 49 S. 370; Bd. 92 S. 1.

15. **Restitutionsklage.** (ZPO. §§ 580, 586.) Durch ein landgerichtliches Urteil wurde dem Beklagten untersagt, bei der Werbung für die von ihm hergestellten Betonpfähle durch den Zusatz „DRP." oder ähnliche Angaben den Anschein zu erwecken, als sei er im Besitz eines Deutschen Reichspatents auf solche Pfähle; außerdem wurde er zur Auskunfterteilung verurteilt und seine Verpflichtung festgestellt, dem Gegner den durch sein Verhalten entstandenen und noch entstehenden Schaden zu ersetzen. Die Berufung gegen das Urteil wurde am 7. November 1940, die Revision am 9. April 1941 zurückgewiesen. Am 26. Juni 1941 wurde Restitutionsklage erhoben mit dem Antrag, die früheren Urteile aufzuheben und die Klage abzuweisen. Sie wurde damit begründet, daß der

Kläger nachträglich in die Lage gekommen sei, eine Urkunde, nämlich eine österreichische Patentschrift, zu benutzen, aus der sich ergebe, daß die Herstellung seiner Betonpfähle durch dieses Patent geschützt sei; die Wirkung der österreichischen Patente sei durch die Verordnung vom 27. Juli 1940 auf das Geltungsgebiet des Deutschen Patentgesetzes erstreckt worden und demzufolge sei er sachlich berechtigt gewesen, bei der Werbung für diese Pfähle den Zusatz „DRP." zu verwenden; Kenntnis von der Sacherheblichkeit des österreichischen Patents habe er erst am 27. Mai 1941 erhalten. Die Klage hatte keinen Erfolg. Denkbar war ein solcher ohnehin nur insoweit, als das Urteil auf Unterlassung lautete; für die Pflicht zur Auskunfterteilung und die Feststellung der Schadensersatzpflicht war in jedem Falle zu beachten, daß das österreichische Patent erst mit Wirkung vom 1. Oktober 1940 auf das Gebiet des Altreichs erstreckt wurde und daß die vor diesem Zeitpunkt liegenden Zuwiderhandlungen des Restitutionsklägers dadurch nicht berührt wurden. Die Monatsfrist für die Erhebung der Restitutionsklage begann mit dem Tage, an dem der Kläger von dem Anfechtungsgrunde Kenntnis erlangt hatte. Aus dem vorgelegten Schriftwechsel ergab sich, daß der Restitutionskläger am 28. November 1940 Kenntnis von der Verordnung vom 27. Juli 1940 hatte und auch erkannte, daß das österreichische Patent in Verbindung mit dieser Verordnung möglicherweise für seinen Rechtsstreit erheblich war. Die Sacherheblichkeit der österreichischen Patenturkunde war daher um diese Zeit nicht so fernliegend und so wenig wahrscheinlich, daß mit ihr überhaupt nicht zu rechnen war. Daß sein Rechtsberater die Bedeutung der Urkunde anders einschätzte und sich von einer Benutzung keinen Erfolg versprach, war für den Lauf der Notfrist ohne Belang. Das Gesetz will nur in ganz besonderen Ausnahmefällen die nachträgliche Abänderung einer rechtskräftigen Entscheidung im Wiederaufnahmeverfahren zulassen. An diese Ausnahmefälle müssen aus Gründen der Rechtssicherheit strenge Anforderungen gestellt werden; es geht nicht an, den Beginn der Notfrist für die Erhebung der Restitutionsklage von dem oft nur schwer nachprüfbaren Eintritt der sicheren Kenntnis von der rechtlichen Bedeutung des in der Urkunde liegenden Beweismittels abhängig zu machen. (II, 13. April 1942.)

Amtl. Sammlg. S. 100—104.

Vgl. Bd. 89 S. 1; Bd. 151 S. 203.

16. Kommanditgesellschaft. Innenverhältnis. Ausschluß der Haftung. (HGB. § 168.) In einer Kommanditgesellschaft war einer der Komanditisten mit 72% am Geschäftskapital beteiligt. Der persönlich haftende Gesellschafter war in Wirklichkeit nur ein Angestellter; er bezog festes Gehalt und Anteile am Reingewinn, durfte aber diese Anteile nicht als Einlage stehen lassen. Über eine Verlustbeteiligung enthielt der Gesellschaftsvertrag nichts. Als er aus der Gesellschaft ausschied, wurde er durch Vertrag zwischen ihm und den Kommanditisten aus der Haftung entlassen. Die Gesellschaft geriet in Konkurs. Der hauptbeteiligte Kommanditist klagte gegen den Konkursverwalter und den früheren persönlich haftenden Gesellschafter auf Ersatz von Auslagen, die er für die Gesellschaft gemacht habe. In allen Rechtszügen wurde die Klage abgewiesen. Die Untergerichte hatten angenommen, daß der Kläger zwar Gläubiger der Gesellschaft sei, daß aber eine vom Konkursverwalter erklärte Aufrechnung mit einer die Klageforderung übersteigenden Gegenforderung begründet sei und daß diese Aufrechnung auch dem Zweitbeklagten zugute komme. Dieser hatte sich auch darauf berufen, daß seine Haftung stillschweigend ausgeschlossen worden sei. Das Berufungsgericht hatte einen solchen Haftungsausschluß gegenüber dem Kläger als hauptbeteiligtem Gesellschafter anerkannt. Das Reichsgericht trat dieser Auffassung bei. Gesetzliche Hindernisse, die einer solchen Ausgestaltung des Innenverhältnisses der Gesellschafter untereinander im Wege stünden, bestehen nicht; welche Auswirkungen sie auf das Außenverhältnis hat, kam nicht in Frage. Nach dem Gesellschaftsvertrag konnte kein Zweifel daran sein, daß der Zweitbeklagte im Innenverhältnis zu den Kommanditiisten nur die Stellung eines Angestellten mit festem Gehalt und Beteiligung am Reingewinn hatte; insbesondere konnte ihm jederzeit mit einer Frist von sechs Monaten zu Ende des Geschäftsjahres gekündigt werden. Im Zusammenhang damit hatte auch das Schweigen des Gesellschaftsvertrags über eine Beteiligung des Zweitbeklagten an einem etwaigen Verlust den Sinn, daß im Innenverhältnis zu den Kommanditisten eine Verlustdeckungspflicht für ihn entfiel. Diesen Einwand konnte er auch gegenüber dem Kläger als seinem früheren Mitgesellschafter mit Erfolg vorbringen. (II, 16. April 1942. Amtl. Sammlg. S. 105—109.

17. Kunstschutz. Freie Benutzung. (KunstSchG. §§ 1, 15, 16.) Unter Benutzung eines Lichtbildes des Führers, das diesen als Brustbild in bürgerlicher Kleidung wiedergab, war ein Ölgemälde angefertigt worden, das den Führer in feldgrauem Rock als Kniestück darstellte; nach diesem Bilde waren in mehrfarbigem Kupferdruck Postkarten und Bilder hergestellt und vertrieben worden. Der Inhaber des Urheberrechts an dem Lichtbilde klagte gegen den Verlag, der die Vervielfältigungen des Ölbildes in Verkehr brachte, auf Unterlassung, Rechnungslegung und Schadenersatz. Das Berufungsgericht gab der Klage statt; das Reichsgericht wies sie ab. Entscheidend war, ob der Maler das Lichtbild im Rechtssinne lediglich nachgebildet oder es frei benutzt und dadurch eine eigentümliche Schöpfung hervorgebracht hatte. Diese Rechtsfrage konnte das Reichsgericht, wenn der technisch-malerisch-ästhetische Sachverhalt im wesentlichen festlag, von sich aus und abweichend vom Tatrichter entscheiden. Das Berufungsgericht hatte sein Urteil darauf gestützt, daß zwar der Gesamteindruck des Ölgemäldes von dem des Lichtbildes unverkennbar und charakteristisch verschieden sei, daß aber für den, der das Lichtbild kenne und das Gemälde aufmerksam mit ihm vergleiche, das Lichtbild noch erkennbar aus dem Ölbild hervortrete. Das Reichsgericht erklärte diese Begründung nicht für genügend, um eine freie Benutzung auszuschließen. Grund und Voraussetzungen des urheberrechtlichen Schutzes unterscheiden sich bei Lichtbildern einerseits und Werken der bildenden Kunst anderseits wesentlich; das muß auch bei der Frage der freien oder unfreien Benutzung beider Arten von Werken beachtet werden. Lichtbilder waren ursprünglich nur für kurze Zeit und nur gegen mechanische Nachbildung geschützt; erst später ging man dazu über, sie für längere Zeit und gegen jede Nachbildung zu schützen und im wesentlichen den Werken der bildenden Kunst gleichzustellen, obschon diese ein besonderes Maß schöpferischer Eigenart voraussetzen, während die Lichtbilder einfach als Erzeugnisse der photographischen Technik geschützt sind, gleichgültig, ob sie künstlerische Eigenart besitzen oder nicht. Das ist auch für die Frage nach freier oder unfreier Benutzung von Bedeutung. Ein Werk stärkerer Eigenart geht schwerer in einem nachgeschaffenen Werk auf, ohne ihm seinen charakteristischen Stempel aufzudrücken, als ein Werk schwächerer Eigenart; deswegen sind an den Rechtsbegriff der freien Benutzung im Verhältnis zwischen Werken der bildenden Künste strengere Anforderungen zu stellen als im Verhältnis zwischen Lichtbildern und Werken der bildenden Künste. Da Lichtbilder auch dann Schutz genießen, wenn sie keinerlei Eigenart aufweisen, muß es als rechtlich möglich angesehen werden, daß ein unter Benutzung eines Lichtbildes geschaffenes Gemälde ihm gegenüber selbst dann noch eine eigentümliche Schöpfung sein kann, wenn es selbst nicht den Rang eines Kunstwerkes erreicht. Dabei ist jeweils die Gesamtgestalt der Bilder ins Auge zu fassen. Daß in dem Ölbilde die Maßverhältnisse von Kopf und Gesicht aus dem Lichtbild übernommen wurden, war bis zu einem gewissen Grade unvermeidlich und bot urheberrechtlich gegenüber der Übernahme der Grundform selbst keine Besonderheit mehr dar; es blieb durchaus die Möglichkeit offen, daß das Ölbild durch malerische Mittel gegenüber seiner Unterlage zu einer selbständigen Schöpfung von mehr oder minder hoher Eigenart ausgestaltet wurde. In der Lebenstreue erstrebenden Bildnismalerei ist die Verwendung von Lichtbildern als Unterlage vielfach üblich. Je mehr eine Persönlichkeit der Zeitgeschichte im Vordergrunde steht, desto eher wird anzunehmen sein, daß die für ihre Wiedergabe typischen Grundhaltungen bald mehr oder minder vollständig lichtbildnerisch erfaßt sein werden; wollte man die lichtbildnerische Festhaltung dieser Typen in dem Sinne urheberrechtlich schützen, daß schon ihre Nachbenutzung einem späteren Werk die Wesensart einer eigentümlichen Schöpfung mit Rechtsnotwendigkeit nehme, so würde das die Gefahr heraufbeschwören, daß die malerische oder zeichnerische Wiedergabe hervorragender Persönlichkeiten der Zeitgeschichte erheblich erschwert, ja bis zu einem gewissen Grade gesperrt würde. Eine solche Rechtsprechung läge nicht im Sinne des Kunstschutzgesetzes. Nicht schon die mehr oder minder typische bildnismäßige Gestaltung des Dargestellten im Lichtbild ist rechtsnotwendig geschützt, sondern die charakteristische Ausprägung des Dargestellten innerhalb dieses Typus. Demgemäß waren Kopfhaltung und Blickrichtung und die dadurch vermittelten Maßverhältnisse des Gesichts für sich allein im vorliegenden Falle nicht entscheidend. Das Ölbild stellte die Figur in einer selbständigen, vom Lichtbild unbeeinflußten Weise in den Bildraum und schuf durch das Zusammenwirken eigener zeichnerischer und vor allem malerischer Mittel eine aus sich heraus lebende Bildgestalt. Der Kopf war zwar der zeichnerischen Grundanlage nach aus dem Lichtbild entnommen, ihm gegenüber aber durch besondere malerische Mittel ins Charakteristischere, innerlich Gespanntere und Kraftvollere gesteigert und klang in dieser Steigerung mit der gesamten Bildgestalt des Gemäldes zusammen. Das reichte aus, um das Gemälde dem Lichtbilde gegenüber als eigentümliche Schöpfung erscheinen zu lassen, bei der das Lichtbild nur frei benutzt war. (I, 28. April 1942.) Amtl. Sammlg. S. 109—117.

Vgl. Bd. 117 S. 234; Bd. 155 S. 201.

18. **Körperverletzung. Anlage. Ursächlicher Zusammenhang. Schadenersatz.** (ÖstAGBGB. §§ 1293 ff.). Ein Kaminfeger wurde im Januar 1937 von einem Lastkraftwagen angefahren und niedergestoßen. Infolge des Unfalls erkrankte er an Arthritis und Ischias und hatte daran dauernd zu leiden. Er klagte auf Schadenersatz und Zahlung eines Schmerzensgeldes. Zur Begründung der Klage führte er aus, daß er infolge seiner Erkrankung seinem Berufe nicht mehr wie früher nachgehen könne und zur Einstellung eines Gehilfen gezwungen sei. Das Berufungsgericht sprach ihm nur die Hälfte des verlangten Schmerzensgeldes und des durch die Einstellung des Gehilfen entstandenen Aufwandes, auch nur einen Teil der weiter verlangten Rente zu. Das Reichsgericht erkannte den Anspruch auf Schmerzensgeld und Aufwandentschädigung in vollem Umfange an; hinsichtlich der Rente verwies es die Sache zurück. Nach einem dem Berufungsgericht vorgelegten ärztlichen Gutachten lag bei dem Kläger der Krankheitszustand einer arthritis deformans vor, die auf eine vorhandene Anlage dazu zurückführte; daneben bestanden aber bis zum Ende des Jahres 1938 Erscheinungen einer Arthritis, die durch den Unfall entstanden waren. Auch eine bis Ende 1938 aufgetretene Ischias war nach dem Gutachten anlagebedingt, aber erst durch den erlit-

tenen Unfall als Krankheitszustand ausgelöst worden. Der Sachverständige hatte hienach bis Ende 1938 den Krankheitszustand zu rund 50% für anlagebedingt, zum Rest für unfallbedingt gehalten; für die Zeit nachher, in der die arthritischen Beschwerden wieder abgeklungen waren, hatte er den Zustand des Klägers zu 75% auf seine Veranlagung und nur zu 25% auf den Unfall zurückgeführt. Seiner Meinung nach wäre der Krankheitszustand das Klägers vermutlich auch ohne den Unfall im Laufe der Jahre 1937 oder 1938 aus irgendwelcher anderen Ursache (Erkältung oder dgl.) zum Ausbruch gekommen. Dementsprechend hatte das Berufungsgericht auch nur einen Teil der erhobenen Ansprüche zuerkannt. Das Reichsgericht erklärte diese Teilung des dem Kläger erwachsenen Schadens für unrichtig. Das Berufungsgericht hatte den Begriff des ursächlichen Zusammenhangs verkannt. Die Frage hienach hat das Gericht nicht allein nach der Auffassung des ärztlichen Sachverständigen, sondern selbständig unter Beachtung der dafür in Betracht kommenden rechtlichen Voraussetzungen zu beantworten. Auch die Krankheitserscheinungen, die durch den Unfall nur deshalb ausgelöst worden waren, weil die Anlage zu der Krankheit bei dem Verletzten schon vorhanden war, bildeten im Rechtssinn in vollem Umfang eine Folge des Unfalls; wer unerlaubt gegen einen gesundheitlich anfälligen Menschen handelt, hat kein Recht darauf, so gestellt zu werden, als ob er einen völlig gesunden Menschen verletzt hätte. Der ursächliche Zusammenhang der Handlung des Schädigers mit dem Schaden wird ferner dadurch nicht ausgeschlossen, daß der nämliche Erfolg, der durch die schädigende Handlung eingetreten ist, auch durch ein anderes Ereignis eingetreten wäre, das später bestimmt stattgefunden hätte; die schädigende Handlung hat eben dieses Ereignis gehindert, seinerseits ursächlich für den Schaden zu werden. Die Veranlagung des Klägers war nur insofern von Bedeutung, als sie in ähnlicher Weise wie das fortschreitende Lebensalter im Laufe der Zeit ohne das Eintreten eines die Erkrankung besonders fördernden Ereignisses seine Erwerbsfähigkeit herabsetzte und dadurch die Höhe des Schadens beeinflußte. Nur in dieser Beschränkung war es richtig, wenn das Berufungsgericht meinte, daß bei unfallbedingten Krankheitserscheinungen, die durch einen Unfall ausgelöst worden sind, der Schuldige nur für den Teil der Unfallfolgen haftbar gemacht werden kann, die auf den Unfall zurückzuführen, nicht für jene, die anlagebedingt sind. Eine Verteilung der Unfallfolgen nach Hundertsteln, wie bei Mitverschulden des Verletzten, ist in solchen Fällen unmöglich. Im vorliegenden Falle bestand der Schaden des Klägers darin, daß er nicht mehr in der Lage war, die schweren Kaminfegerarbeiten zu besorgen, insbesondere nicht mehr beim Kaminkehren die Kamine durchklettern konnte; um sein Gewerbe ausüben zu können, hatte er einen Gehilfen annehmen müssen. Demgemäß war der Schaden, der dem Kläger bis zum 30. Juni 1938 entstanden war, in vollem Umfang auf den Unfall zurückzuführen und deshalb dem Kläger zu ersetzen. Wegen der Rente für die Folgezeit bedurfte es weiterer Aufklärung, bis zu welchem Zeitpunkt der Kläger ohne den erlittenen Unfall voraussichtlich in der Lage gewesen wäre, seinem Beruf ohne Gehilfen nachzugehen, von wann an ihm also die natürliche Weiterentwicklung seiner Veranlagung zur Arthrose die Weiterführung seines Berufes ohne Gehilfen unmöglich gemacht haben würde. Bis zu diesem Zeitpunkt war ihm die geforderte Rente, die an sich als angemessen anerkannt war, in vollem Umfange zuzusprechen; für die Folgezeit standen ihm keine Ansprüche mehr zu. (VIII, 29. April 1942.)

Amtl. Sammlg. S. 117—121.

Vgl. Bd. 141 S. 365; Bd. 144 S. 80, 348; Bd. 151 S. 283; Bd. 155 S. 41; JW. 1938 S. 105.

19. **Fürsorgepflicht. Rückgriff. Rechtsweg.** (BGB. §§ 133, 157; StAnpG. § 8.) Eine staatenlose Frau stellte einen Antrag auf Einbürgerung. Ihr Onkel, dem sie den Haushalt führte, erklärte in einer amtlich beglaubigten Urkunde, daß er für ihren Lebensunterhalt stets sorgen werde. Dem Einbürgerungsantrag wurde stattgegeben. Einige Jahre später wurde die Frau geisteskrank und mußte in einer Anstalt untergebracht werden. Der Landesfürsorgeverband, der Kosten hiefür zu tragen hatte, klagte gegen den Onkel auf Ersatz. In allen Rechtszügen drang die Klage durch. Die vertragliche Verpflichtung, die der Beklagte übernommen hatte, war bürgerlichrechtlicher Art, wenn sie auch im Zusammenhang mit einem öffentlich-rechtlichen Vorgange, der Einbürgerung,

und zu dessen Ermöglichung begründet worden war. Der Beklagte stand außerhalb der öffentlich-rechtlichen Beziehungen zwischen der Gesuchstellerin und der Einbürgerungsbehörde; sofern durch seine Erklärung und die Entscheidung der Einbürgerungsbehörde unmittelbare Rechtsbeziehungen zwischen ihm und dem durch diese Behörde vertretenen Lande Preußen entstehen konnten, lagen sie ausschließlich auf dem Gebiete des bürgerlichen Rechts. Das Berufungsgericht hatte die Erklärung dahin ausgelegt, daß der Beklagte durch sie die Eingehung einer entsprechenden vertraglichen Verpflichtung gegenüber dem Staate für den Fall der Einbürgerung angeboten und der Staat durch die Vornahme der Einbürgerung die Annahme des Angebotes schlüssig erklärt habe. Das Reichsgericht erklärte, daß diese Auslegung denk- und erfahrungsgesetzlich möglich sei, den gesetzlichen Auslegungsregeln nicht widerspreche und alle wesentlichen Tatsachen berücksichtige. An der Zuständigkeit der Einbürgerungsbehörde, einen Vertrag dieser Art einzugehen, bestand kein Zweifel. Die Auffassung des Berufungsgerichts, daß der Beklagte sich zugunsten der öffentlichen Körperschaften, die in der Folge auf Grund ihrer öffentlichen Fürsorgeaufgabe für die eingebürgerte Frau Aufwendungen zu machen hatten, zum Ersatz dieser Aufwendungen verpflichtet habe, war rechtlich möglich und trug sowohl dem Wortlaute der Erklärung wie ihrem Zweck in jeder Weise Rechnung. (VII, 5. Mai 1942.)

Amtl. Sammlg. S. 122—125.

20. **Ehescheidung. Widerspruch.** (EheG. § 55.) Ein 77-jähriger Mann klagte gegen seine 69jährige Ehefrau, von der er seit mehr als drei Jahren getrennt lebte, auf Scheidung. Das Berufungsgericht gab der Klage trotz des Widerspruchs der Beklagten statt und erklärte den Kläger für allein schuldig. Das Reichsgericht wies die Klage ab. Grundsätzlich sind allerdins unheilbar zerrüttete Ehen zu scheiden, es sei denn, daß Belange der Allgemeinheit an der Aufrechterhaltung bestehen. Solche fehlten hier. Ausnahmsweise gaben aber die persönlichen Interessen der Beklagten Anlaß, ihren Widerspruch zu beachten. Wenn ihr auch im Falle der Scheidung ein Unterhaltsanspruch gegen den Kläger verblieb, bedeutete das doch keine wirkliche Sicherung für sie, da erfahrungsgemäß bei Verhält-

nissen wie den vorliegenden die Durchsetzung eines solchen Anspruchs außerordentlich schwierig ist. Nur die Aufrechterhaltung der Ehe konnte die Beklagte davor schützen, der öffentlichen Wohlfahrt zur Last zu fallen. Anderseits ließ sich ein irgendwie beachtliches Interesse des Klägers an der Lösung der Ehe nicht anerkennen. Unter diesen Umständen erschien ihre Aufrechterhaltung sittlich gerechtfertigt. (IV, 6. Mai 1942.)

Amtl. Sammlg. S. 126—127.

21. **Stufenklage. Zurückverweisung. Rechtsähnlichkeit.** (ZPO. §§ 254, 538.) Aus einem Agenturverhältnis wurde Klage auf Erteilung von Buchauszügen über die während der Dauer von sechs Monaten ausgeführten Aufträge und Zahlung der betreffenden Provision erhoben. Das Berufungsgericht gab der Klage hinsichtlich der Buchauszüge statt und verwies die Sache zur Entscheidung über den Zahlungsanspruch an das Landgericht zurück. Die Revision des Beklagten blieb ohne Erfolg. Die Zurückverweisung einer Sache durch das Berufungsgericht ist allerdings im Gesetz nur für den Fall eines nach Grund und Betrag streitigen Anspruchs vorgesehen. Für den Fall der Stufenklage des § 254 ZPO. (Klage auf Rechnungslegung und entsprechende Leistung) hat das Reichsgericht früher die Zurückverweisung abgelehnt. Daran wurde nicht mehr festgehalten. Die heutige auch im Verfahrensrecht zum Durchbruch gelangte freiere Rechtsauffassung läßt die Übertragung der Vorschrift auf diesen Fall aus Gründen der Rechtsähnlichkeit als geboten erscheinen. Da die zu erteilenden Buchauszüge unzweifelhaft einen Anspruch des Klägers ergaben, handelte es sich bei dem noch ausstehenden Teil des Rechtsstreits in Wirklichkeit um ein Betragsverfahren. Die gegenteilige Auffassung würde für den Kläger den Verlust eines Rechtsgangs zur Folge haben, was der Billigkeit widerspräche. (VII, 15. Mai 1942.) Amtl. Sammlg. S. 127—128.

Vgl. Bd. 56 S. 16.

22. **Unterhaltsklage. Abstammungsklage. Rechtskraft.** (BGB. § 1717; ZPO. §§ 322, 640; RG. vom 15. Juli 1941, § 2.) Die Unterhaltsklage eines unehelichen Kindes wurde in zwei Rechtszügen abgewiesen, weil der Beklagte mit der Einrede des Mehrverkehrs durchgedrungen war;

dagegen hatte eine spätere Klage auf Feststellung der blutmäßigen Abstammung Erfolg gehabt. Die daraufhin neuerdings erhobene Unterhaltsklage hatte das Berufungsgericht mit der Begründung abgewiesen, daß ihr die Rechtskraft des früheren Urteils über diesen Anspruch entgegenstehe. Der Antrag des Oberreichsanwalts auf Wiederaufnahme des Verfahrens wurde als begründet anerkannt. Der Widerstreit, welchem der beiden rechtskräftigen Urteile die stärkere Wirkung beizulegen ist, kann nur zugunsten des Urteils über die blutmäßige Abstammung entschieden werden. Das Wesen der Rechtskraft des gewöhnlichen Urteils besteht darin, daß der Richter, der in die Lage kommt, in einem späteren Rechtsstreit zwischen denselben Parteien über dasselbe Rechtsverhältnis erneut zu entscheiden, an die frühere Entscheidung gebunden ist; die Rechtskraft ist eine unter dem Gesichtspunkt der Wirtschaftlichkeit des Verfahrens stehende und dem Rechtsfrieden zwischen den Parteien dienende verfahrensrechtliche Einrichtung. Die dem Urteil über die Abstammung gesetzlich beigelegte Wirkung für und gegen alle hat grundsätzlich ein ganz anderes Wesen; sie reicht über den Kreis der am Verfahren beteiligten Personen hinaus und enthält nicht nur die Bindung des später erneut mit derselben Frage befaßten Richters, sondern greift unmittelbar in die sachliche Ordnung der Gemeinschaftsverhältnisse ein. Wenn auch einem Urteil über die blutmäßige Abstammung nicht die Wirkung zukommt, daß es bestehende Rechtsverhältnisse unmittelbar ändert, so hat es doch eine gewisse rechtsgestaltende Wirkung insofern, als dadurch ein Zustand der Ungewißheit endgültig behoben wird. Vom Zeitpunkt der Rechtskraft dieses Urteils an ist eine abweichende Beurteilung der Abstammung schlechthin ausgeschlossen, und wenn bisher das Rechtsverhältnis oder eine sich aus ihm ergebende Rechtsfolge eine andere Beurteilung gefunden hat, ist diese durch die stärkere Wirkung der Entscheidung im Abstammungsverfahren außer Kraft gesetzt. Man könnte allerdings daran denken, daß das frühere Urteil wirksam bleibt bis zum Zeitpunkt der Rechtskraft des späteren und daß demgemäß die mit ihrem Unterhaltsanspruch abgewiesene Partei erst von diesem Zeitpunkt an Unterhalt verlangen kann; es ist aber unhaltbar, die aus der Eigenschaft des Beklagten als Erzeuger sich zwangsläufig ergebende Unterhaltspflicht für die Zeit vor der Rechtskraft des späteren Urteils nur wegen der damals noch bestehenden Wirkung des früheren Urteils zu verneinen. Mit der Feststellung im Abstammungsstreit ist dem Urteil im Unterhaltsstreit mit rückwirkender Kraft die Grundlage entzogen, da es gerade auf der Unmöglichkeit beruhte, diese Abstammung festzustellen. Eine Einschränkung ergibt sich nur insofern, als der Anspruch auf Unterhalt in seiner Durchführung nicht Ergebnisse nach sich ziehen darf, die Treu und Glauben und dem Gebote der Billigkeit widersprechen würden. Es muß danach der richterlichen Abwägung der Interessen vorbehalten bleiben, im Einzelfalle den Stichtag für die Nachforderung des Unterhalts hinauszuschieben, unter Umständen bis zum Zeitpunkt der Rechtskraft des Abstammungsurteils. Bei dieser Abwägung ist außer den Vermögens- und Einkommensverhältnissen des Schuldners und der Lage des Kindes gegebenenfalls auch der Umstand in Betracht zu ziehen, daß der Schuldner im Vertrauen auf das klagabweisende Urteil im Unterhaltsverfahren seine Lebensführung entsprechend gestaltet hat, so daß die frühere Ersparnis keinen genügenden Ausgleich für eine erhebliche Nachforderung böte. Dieser Gesichtspunkt entfällt insoweit, als der Schuldner trotz des klageabweisenden Urteils Grund hatte, mit der Möglichkeit einer Inanspruchnahme zu rechnen. Das gilt bis zu einem gewissen Grade allgemein schon für die Zeit nach Erhebung der Abstammungsklage, besonders aber für die Zeit nach Kenntnis des Schuldners von dem ihm ungünstigen Ergebnis der in diesem Streit vorgenommenen Beweiserhebung. Es kommt eben letztlich darauf an, wieweit dem Schuldner unter Berücksichtigung aller in Betracht kommenden Umstände eine Nachzahlung zugemutet werden kann. (Großer Senat für Zivilsachen, 7. Mai 1942.) Amtl. Sammlg. S. 129—133.

23. **Fortführung eines Handelsgeschäfts. Firma. Rechtsschein.** (HGB. § 25.) Eine Gesellschaft mit beschränkter Haftung, die neben dem Handel mit Musikinstrumenten auch die Herstellung von Schallplatten betrieb, beschloß, diesen Teil ihres Betriebes aufzugeben und veräußerte alle darauf bezüglichen Urheberrechte, Maschinen, Vorräte und sonstigen Gegenstände an eine Aktiengesellschaft; zugleich beschloß sie, ihre bisherige Firma aufzugeben. Der Be-

schluß wurde in das Handelsregister eingetragen. Die Aktiengesellschaft gründete eine neue Gesellschaft mit beschränkter Haftung unter der bisherigen Firma der erstgenannten Gesellschaft und brachte bei dieser alles ein, was sie von jener erworben hatte; die Gründung wurde im Handelsregister fünf Tage nach der Löschung der erstgenannten Gesellschaft eingetragen. Ein Gläubiger der erstgenannten Gesellschaft klagte gegen diese und gegen die neugegründete Gesellschaft auf Zahlung einer schon früher entstandenen Forderung, die sich auf die Schallplatten bezog. Das Berufungsgericht gab der Klage statt. Die Revision der neugegründeten Gesellschaft hatte keinen Erfolg. Das Urteil gegen sie hing davon ab, ob auf ihrer Seite von einem Erwerb des Handelsgeschäfts der erstgenannten Gesellschaft gesprochen werden konnte. Das trifft allerdings nicht zu, wenn lediglich Teile eines Handelsgeschäfts veräußert werden, die für sich allein eine geschäftliche Betätigung nach Art und Umfang der bisherigen nicht zulassen; die Rechtsfolgen des § 25 HGB. treten vielmehr nur ein, wenn das Unternehmen in seiner Gesamtheit, also als Träger der tatsächlichen und rechtlichen Gegebenheiten und Beziehungen übertragen wird, die es im Verkehr als handelsgewerblichen Betrieb bestimmten Gepräges erscheinen lassen und dem Erwerber die Möglichkeit bieten, es als solchen fortzuführen. Dazu ist aber nicht erforderlich, daß alle Unternehmensbestandteile übernommen werden. Es genügt, daß jene Teile übergehen, die den Kern des Unternehmens ausmachen, also den Tätigkeitsbereich bestimmen, mit dem es nach außen in die Erscheinung tritt. Das kann auch dann der Fall sein, wenn einzelne Vermögenswerte in der Hand des Veräußerers bleiben, vorausgesetzt, daß dadurch eine Fortführung des Betriebs in seiner für den Verkehr erkennbaren Eigenart nicht in Frage gestellt wird. Um das zu beurteilen, kann das Verhältnis des Wertes der veräußerten Teile zu dem Werte der bei dem bisherigen Inhaber verbleibenden von Bedeutung sein. Auch bei einem überwiegenden Werte der letzteren ist aber nicht ausgeschlossen, daß das Schwergewicht des Betriebs in den auf den neuen Erwerber übergegangenen Bestandteilen liegt und deshalb die Fortsetzung des Betriebs mit ihnen unter der alten Firma vom Verkehr als Fortführung des bisherigen Unternehmens angesehen wird. Nur hierauf kommt es aber für die Anwendung des § 25 HGB., der dem Schutze der Geschäftsgläubiger und Geschäftsschuldner dient und insoweit für den Eintritt des Erwerbers in die Rechtsstellung des Veräußerers den äußeren Schein einer Geschäftsfortführung unter der bisherigen Firma genügen läßt, entscheidend an. Die Firma der neugegründeten Gesellschaft unterschied sich in nichts von jener, welche die andere Gesellschaft früher geführt hatte; sie stimmten auch in der Gesellschaftsform überein und die neugegründete Gesellschaft hatte nach ihrer Satzung, ebenso wie früher die andere, die Herstellung und den Vertrieb von Schallplatten zum Gegenstande. Dadurch, sowie durch die Weiterbenutzung der Werbeschriften und sonstigen Drucksachen, die Übernahme der Kundschaft und des allgemeinen Geschäftswertes, der Warenzeichen und Schutzmarken mußte bei jedem unbefangenen Beurteiler der Eindruck erweckt werden, daß sich in den betrieblichen Verhältnissen des Unternehmens nichts geändert habe, sondern die neugegründete Gesellschaft das Handelsgeschäft der anderen fortführe. Jedenfalls war der Rechtsschein eines ungeteilten Erwerbs begründet, dessen Folgen sich die neue Gesellschaft nicht mit dem Hinweis auf einen in Wahrheit anders liegenden Sachverhalt entziehen konnte. Die an die Löschung der Firma der alten Gesellschaft sich alsbald anschließende Aufnahme eines nach Art und Ausübung gleichen Betriebs durch die neue Gesellschaft unter derselben Firma ließ mangels besonderer, auf das Gegenteil hinweisender Anzeichen keine andere Deutung zu, als daß es sich um eine Fortführung des von ihr erworbenen Geschäfts der alten Gesellschaft handelte. Das Berufungsgericht hatte ausgeführt, die Herstellung und der Vertrieb von Schallplatten hätte im Unternehmen der alten Gesellschaft eine abgeschlossene Einheit für sich, also einen selbständigen Geschäftszweig, gebildet; gleichwohl hatte es einen Übergang des ganzen Handelsgeschäfts als solchen angenommen. Das Reichsgericht erklärte hiezu, daß von dem Erwerb eines Handelsgeschäfts auch im Sinne des § 25 HGB. in der Regel nicht gesprochen werden könne, wenn von zwei oder mehreren gleichwertigen selbständigen Geschäftszweigen einer Firma nur einer veräußert wird. In einem solchen Falle ist schon die Fortführung der

Firma für den allein übernommenen Teil nicht zulässig; regelmäßig werden auch die äußeren Umstände des Erwerbs nicht genügen, um den Rechtsschein eines Übergangs des ganzen Unternehmens zu begründen. Eine abweichende Beurteilung mag angehen, wenn der beim Veräußerer verbleibende Geschäftszweig nur von untergeordneter Bedeutung ist. Der Übertragung eines bloßen Unternehmensteils mit dem Rechte der Fortführung der Firma mag auch nichts im Wege stehen, wenn die einzelnen Geschäftsteile eine gewisse rechtliche, nicht nur tatsächliche Selbständigkeit besitzen, welche eine Absonderung ihres Bereichs auch nach außen hin zuläßt. So ist es für die Anwendung des § 25 HGB. als ausreichend angesehen worden, wenn beim Bestehen von Haupt- und Zweigniederlassung nur die eine oder andere übertragen wird, dann freilich mit der Folge, daß der Erwerber nur in jene Forderungen und Verbindlichkeiten des früheren Inhabers eintritt, die in dem Betriebe der übernommenen Haupt- oder Zweigniederlassung entstanden sind. Bedenken, durch welche die angefochtene Entscheidung in Frage gestellt werden konnte, ergaben sich aber hieraus nicht. Das Berufungsgericht hatte es an jeder näheren Begründung fehlen lassen, weshalb es sich bei der Herstellung und dem Vertriebe von Schallplatten um zwei selbständige Geschäftszweige der älteren Gesellschaft gehandelt habe. Beide Betätigungen mochten naturgemäß gesonderte Betriebseinrichtungen erfordert und insoweit getrennte Geschäftsabteilungen gebildet haben; es lag aber nichts dafür vor, daß deswegen das Handelsgeschäft der älteren Gesellschaft auch nach der Verkehrsauffassung als ein aus zwei selbständigen Geschäftszweigen bestehendes Unternehmen hätte gelten müssen. Die Herstellung lieferte die Erzeugnisse, die das Unternehmen in den Handel brachte, und der Vertrieb diente dem Absatz der im Unternehmen hergestellten Waren. Das schloß nicht aus, daß unter den vom Berufungsgericht dargelegten besonderen Umständen die Übernahme auch nur des Vertriebsgeschäfts und seine Fortführung unter der bisherigen Firma die Voraussetzungen schuf, auf Grund deren die neue Gesellschaft sich gefallen lassen mußte, als Erwerberin des ganzen Unternehmens behandelt und für alle in ihrem Betriebe begründeten Verbindlichkeiten der früheren Inhaberin in Anspruch genommen zu werden. Das galt um so mehr, als das Vertriebsgeschäft allein in der Tat das Unternehmen als solches darstellte, nachdem die ältere Gesellschaft schon früher die Herstellung von Schallplatten aufgegeben hatte. Gegen die Anwendung des § 25 HGB. sprach endlich auch nicht, daß nicht die neue Gesellschaft das Unternehmen von der älteren erworben hatte, sondern die Aktiengesellschaft; diese hatte von vornherein die Absicht, das Unternehmen in die neue Gesellschaft einzubringen. (II, 11. Mai 1942.)

Amtl. Sammlg. S. 133—140.

Vgl. Bd. 56 S. 187; Bd. 63 S. 229; Bd. 68 S. 295; Bd. 77 S. 60; Bd. 143 S. 371; Bd. 147 S. 338.

24. **Abzahlungsgeschäft. Rücktritt. Wertminderung.** (PrStopVO. § 1; AbzGG. § 2; RG. vom 15. Juli 1941 §§ 2 ff.). Im November 1938 wurde ein gebrauchter Lastkraftwagen um 12500 *RM* gekauft. Der Käufer zahlte 5000 *RM* an und gab für den Rest 12 Wechsel. Die Verkäuferin behielt sich das Eigentum bis zur völligen Zahlung des Kaufpreises vor. Von den Wechseln wurden fünf mit zusammen 4000 *RM* eingelöst; die übrigen blieben ungedeckt. Im August 1939 klagte die Verkäuferin auf Herausgabe des Wagens. Sie erklärte, für die Überlassung des Gebrauchs und für Wertminderung eine Entschädigung beanspruchen zu können, welche den ihr zugelassenen Teil des Kaufpreises übersteige, so daß sie zu einer Rückzahlung nicht verpflichtet sei. Das Berufungsgericht gab der Klage statt. Auf Antrag des Oberreichsanwalts wurde das Verfahren wieder aufgenommen. Das Urteil des Berufungsgerichts ließ schon eine Prüfung vermissen, ob der vereinbarte Kaufpreis mit den Vorschriften der Verordnung über das Verbot von Preiserhöhungen vom 26. November 1936 im Einklang stand. Nach dem Urteil eines Sachverständigen hatte der Wagen bei der Übergabe an den Käufer nur einen Wert von 7000 *RM*, nach dem Gutachten der Schätzungsstelle der Deutschen Automobil-Treuhand einen Wert von 9050 *RM*. Dazu kam, daß die Verkäuferin den Wagen im September 1938 um 8000 *RM* erworben hatte. Hätte sich hienach ergeben, daß der vereinbarte Preis den zulässigen Preis überstieg, so wäre die Preisabrede nichtig und der Kauf als zum zulässigen Preis abgeschlossen anzusehen gewesen. Es war möglich, daß die Zahlungen des Käufers den zulässigen Preis erreichten, so daß schon aus

diesem Grunde für einen Rücktritt der Klägerin kein Raum blieb. Der Beklagte hatte sich der Berufung der Klägerin angeschlossen gehabt, seinen Antrag auf Klageabweisung in der mündlichen Verhandlung aber nicht stellen können, weil ihm insoweit das Armenrecht versagt worden war. Im Wiederaufnahmeverfahren war er nicht gehindert, auf diesen Antrag zurückzukommen. Das Berufungsgericht hatte weiter insofern geirrt, als es der Klägerin neben einer Vergütung für den Wert der Gebrauchsüberlassung auch noch eine Entschädigung für Wertminderung zugesprochen hatte. Nach § 2 AbzGG. hat der Käufer dem Verkäufer den Wert der Überlassung des Gebrauchs oder der Benutzung der Kaufsache unter Berücksichtigung der inzwischen eingetretenen Wertminderung zu vergüten. Zur Herbeiführung eines billigen Ausgleichs zwischen den Belangen beider Teile soll der gegenständliche Wert der Gebrauchsüberlassung, also der in der Möglichkeit der Benutzung der Sache liegende Vermögenswert, erstattet werden, gleichviel, ob und wie der Käufer die Sache tatsächlich benutzt hat; eine durch die vertragsmäßige Benutzung eingetretene Wertminderung soll nur in der Weise Berücksichtigung finden, daß sich die reine Gebrauchsvergütung entsprechend erhöht. Bei der Bemessung der Überlassungsentschädigung mag die Wertminderung getrennt vom Wert der Benutzung zu bestimmen sein, wenn es sich um Sachen handelt, die üblicherweise nicht zu entgeltlichem Gebrauch überlassen werden; in solchem Falle fehlt es an der Möglichkeit, mit dem Wert der Gebrauchsüberlassung, der nur den Nutzen umfaßt, den der Gebrauch der Sache unter entsprechenden Verhältnissen gewöhnlich gewährt, zugleich auch eine etwaige Wertminderung zu berücksichtigen, die weder in jedem Falle eingetreten zu sein braucht, noch, wenn sie vorliegt, durch jenen Gebrauchswert abgegolten wird. Anders liegt es aber bei Sachen, die üblicherweise vermietet werden, bei denen also ein verkehrsüblicher Mietzins besteht. In ihm ist regelmäßig schon eine Entschädigung für die Wertminderung enthalten, welche die Sache durch Gebrauch, sei es durch bloßen Verlust der Neuheit, sei es durch Abnutzung, erleidet, und es kann nicht daneben noch ein besonderer Entwertungszuschlag berechnet werden. Das wäre nur dann gerechtfertigt, wenn der nach dem Kaufvertrag vorausgesetzte Gebrauch der Sache eine stärkere Abnutzung mit sich brächte, als sie bei Vermietung üblicherweise erwartet wird. Es durfte deshalb nicht neben einer nach dem üblichen Mietzins berechneten Gebrauchsvergütung noch ein Betrag für Wertminderung angesetzt werden; das um so weniger, als es sich um eine gebrauchte, also des Neuheitswertes schon verlustig gegangene Sache handelte und eine Gebrauchszeit zu berücksichtigen war, bei deren langer Dauer andere als schon durch den Mietzins abgegoltene Wertminderungen nicht in Betracht kamen. Bei der neuerlichen Würdigung der Sache war auch zu berücksichtigen, daß der Beklagte schon durch die von ihm übernommene Versicherung des Wagens eine Leistung erbracht hatte, die bei der Festsetzung einer angemessenen Gebrauchsvergütung ins Gewicht fiel. (Großer Senat für Zivilsachen, 16. Mai 1942.) Amtl. Sammlg. S. 141—145.

Vgl. Bd. 138 S. 28; Bd. 147 S. 344; Bd. 152 S. 37.

25. **Außerordentliche Wiederaufnahme.** (RG. vom 15. Juli 1941 §§ 2 ff.). Die Unterhaltsklage eines Kindes gegen seinen angeblichen unehelichen Vater wurde mit der Begründung abgewiesen, daß das Kind nach der Ehe seiner Mutter geboren, folglich als eheliches Kind anzusehen sei und daß eine Anfechtung seiner Ehelichkeit nicht stattgefunden habe. In Wirklichkeit war durch ein rechtskräftiges Urteil festgestellt, daß das Kind nicht ehelich sei. Der Versuch, im Wege der Restitutionsklage die Abweisung der Unterhaltsklage zu beseitigen, scheiterte an der Verweigerung des Armenrechts; diese wurde damit begründet, daß der Restitutionsgrund schon im früheren Verfahren hätte geltend gemacht werden können. Auf Antrag des Oberreichsanwalts wurde das Verfahren wieder aufgenommen. Die Unrichtigkeit der beanstandeten Entscheidung beruhte nicht auf einer Verkennung von Rechtssätzen, sondern auf der Zugrundelegung eines unrichtigen Sachverhalts, nämlich der Annahme, daß die Ehelichkeit des Klägers nicht angefochten sei. Dieser Irrtum war überwiegend von dem gesetzlichen Vertreter des Klägers, dem Jugendamt, verschuldet, da es seine Sache gewesen wäre, die Tatsache der Ehelichkeitsanfechtung geltend zu machen. Da das nicht geschah, konnte das Gericht als unstreitig ansehen, daß die Ehelichkeit nicht angefochten sei; allerdings hätte es ihm auffallen müssen, daß das Kind nicht den Na-

men des Ehemannes seiner Mutter trug und durch das Jugendamt gesetzlich vertreten wurde. Nach den Bestimmungen über die außerordentliche Wiederaufnahme des Verfahrens ist aber nur zu prüfen, ob die Entscheidung richtig oder unrichtig ist. Dabei kann es nicht darauf ankommen, ob die Entscheidung dem Sachverhalt entsprach, wie er dem entscheidenden Gerichte vorlag, sondern allein darauf, ob nach dem nunmehr feststehenden Sachverhalt und nach den jetzt geltenden Rechtssätzen ebenso zu entscheiden wäre. Die außerordentliche Wiederaufnahme soll es ermöglichen, Fehlentscheidungen zu beseitigen, deren Auswirkung vom Standpunkte der Allgemeinheit aus schwer erträglich wäre; für die Frage der Auswirkungen ist es aber gleichgültig, worauf die Unrichtigkeit der Entscheidung beruht. Auch der Umstand, daß das unrichtige Ergebnis durch die unterlegene Partei selbst verschuldet worden ist, steht der Aufhebung der Entscheidung nicht entgegen. (Großer Senat für Zivilsachen, 16. Mai 1942.)

Amtl. Sammlg. S. 145—147.

26. **Handelsfirma. Firmenrichtigkeit. Abgeleitete Firma. Doktortitel. Amtslöschung. Gesetzesauslegung.** (HGB. §§ 18, 19, 24; FGG. § 142; StGB. § 33.) Der Verlagsbuchhändler Dr. W. wandelte sein unter der Firma „Verlag Dr. Karl W." betriebenes Einzelunternehmen nach dem Eintritt seiner Ehefrau als Kommanditistin in eine Kommanditgesellschaft um, ohne die Firma zu ändern. Nachdem er zu einer Gefängnisstrafe und Verlust der bürgerlichen Ehrenrechte verurteilt worden war, eröffnete das Amtsgericht beiden Gesellschaftern, daß die Firma von Amts wegen gelöscht werden müsse, da die Voraussetzungen für ihre Eintragung nicht mehr gegeben seien. Ihr Widerspruch fand keine Beachtung; ihre sofortige Beschwerde wurde vom Landgericht verworfen. Die weitere Beschwerde wollte das Oberlandesgericht M. zurückweisen, legte aber wegen einer entgegenstehenden Entscheidung des Kammergerichts B. die Sache dem Reichsgericht vor. Dieses schloß sich der Auffassung des Oberlandesgerichts M. an. Die Entscheidung hing davon ab, ob eine in das Handelsregister eingetragene Firma zu löschen ist, wenn sie zur Zeit ihrer Eintragung zulässig war, nachträglich aber unzulässig geworden ist, und ob mit dem Wegfall der Befugnis des W. zur Führung des

Doktortitels die Firma unzulässig geworden war. Mit der Aufnahme der Ehefrau des W. in das von ihm bis dahin allein betriebene Handelsgeschäft als Kommanditistin wurde die bisherige Firma nicht unzulässig, gleichviel, ob er persönlich haftender Gesellschafter würde oder nicht. Der Grundsatz der Firmenwahrheit ist aber auch bei abgeleiteten Firmen nur durchbrochen, nicht außer Kraft gesetzt. Mit der Zulassung der Fortführung bestehender Firmen trotz des Wechsels des Inhabers will das Gesetz nur der Erhaltung der bisherigen Firma und der in ihr verkörperten Werte dienen, nicht aber darüber hinaus einer Firma zur Fortdauer verhelfen, die innerlich unwahr ist. Das Reichsgericht hat auch schon entschieden, daß der Grundsatz der Firmenrichtigkeit nicht nur für die Bildung neuer Firmen gilt, sondern auch in den Fällen, in denen eine zunächst den Anforderungen des Firmenrechts entsprechende Firma durch eine Veränderung der Umstände unzulässig geworden ist. Es bedurfte also der Prüfung, ob die Beibehaltung des Doktortitels in der Firma der Gesellschaft zu einer Täuschung der Allgemeinheit über die Verhältnisse des Geschäftsinhabers Anlaß geben konnte, nachdem W. des Rechtes zur Führung dieses Titels verlustig gegangen war. Das war insofern zu verneinen, als die Firma, die mangels eines das Vorhandensein einer Gesellschaft andeutenden Zusatzes nur eine abgeleitete sein konnte, als solche nicht zu dem Schlusse berechtigte, der als Doktor bezeichnete Träger des in ihr enthaltenen Namens sei noch Gesellschafter oder gar persönlich haftender Gesellschafter. Die Öffentlichkeit wird aber in der Regel annehmen, daß sich eine Gesellschaft nicht einer mit dem Hinweis auf die Doktorwürde eines früheren Geschäftsinhabers versehenen Firma bedienen werde, wenn diesem die Befugnis zur Führung des Doktortitels durch Strafurteil aberkannt worden ist. Die Beibehaltung des Titels wäre solchenfalls zur Täuschung geeignet, weil die Firma damit zum Ausdruck brächte, daß sie den Ruf und die Wertschätzung, die das Unternehmen dank der durch den Titel verbürgten besonderen fachlichen Eignung und Zuverlässigkeit seines früheren Inhabers erwarten durfte, auch weiterhin für sich in Anspruch nehme. Die Gefahr einer Täuschung besteht erst recht, wenn, wie hier, der zur Führung des Titels nicht mehr Berechtigte der alleinige persönlich haftende Gesellschafter ist. Das Kammergericht hatte die Zulässigkeit einer Löschung von Amts wegen deshalb verneint, weil nach dem Wortlaut des § 142 FGG. hiefür erforderlich ist, daß eine Eintragung bewirkt sei, obwohl sie wegen Mangels einer wesentlichen Voraussetzung nicht hätte erfolgen dürfen, daß also die Unzulässigkeit schon im Zeitpunkt der Eintragung bestanden habe. Das Reichsgericht erklärte diese Auslegung für zu eng. Bei Anwendung einer Vorschrift muß auch einem inzwischen eingetreten Wandel des Rechtsempfindens Rechnung getragen werden. Über dem bloßen Wortlaut des Gesetzes steht der Rechtsgedanke, den es verwirklichen will. Um diesen zu erkennen, bedarf es einer Berücksichtigung der aus der geltenden Rechtsordnung erwachsenen Bedürfnisse, denen die Anwendung des Gesetzes dienen soll. Gebietet die heutige Rechtsauffassung, die Allgemeinheit in jedem Falle vor Täuschungen zu schützen und deshalb den Grundsatz der Firmenrichtigkeit auch gegenüber Mißbräuchen Platz greifen zu lassen, die sich aus einer nachträglichen Veränderung der für die Zulässigkeit einer Firma maßgebenden Umstände ergeben, so folgt daraus ohne weiteres, daß dieser Rechtsgedanke auch für die Auslegung der zur Bekämpfung derartiger Mißbräuche bestehenden Verfahrensvorschriften bestimmend sein muß. Im § 10 des Gesetzes über das Kreditwesen vom 5. Dezember 1934 in der Fassung vom 25. September 1939 ist das Amtslöschungsverfahren für den Fall des nachträglichen Unzulässigwerdens einer Firma für anwendbar erklärt. Daraus ergibt sich, daß eine solche Auslegung mit dem Willen des Gesetzes im Einklang steht. Den Belangen des Firmenträgers geschieht dabei kein Eintrag, da ihm ja die Möglichkeit eines Widerspruchs gewahrt bleibt. (II, 16. Mai 1942.)

Amtl. Sammlg. S. 147—153.

Vgl. Bd. 155 S. 211; Bd. 162 S. 121; JW. 1935 S. 434, 436.

27. **Offene Handelsgesellschaft. Kündigung. Treupflicht.** (HGB. §§ 135, 142.) S. und K. waren die alleinigen Gesellschafter einer offenen Handelsgesellschaft. Da S. mit Steuerzahlungen im Rückstand war, pfändete das Finanzamt seinen Geschäftsanteil sowie seinen Anspruch auf das Auseinandersetzungsguthaben, ließ sich diese Ansprüche überweisen und kündigte die Gesellschaft zum 1. Januar

1941. K. erklärte, daß er die Kündigung annehme und das Geschäft mit Aktiven und Passiven übernehmen werde. S. erhob dagegen Widerspruch und verhandelte mit dem Finanzamt wegen Abzahlung seiner Steuerschuld. Zu Ende des Jahres 1940 waren noch 7000 *RM* rückständig. Das Finanzamt erklärte im Dezember 1940, daß es an der Auflösung der Gesellschaft kein Interesse mehr habe. S. klagte nun gegen K. auf Feststellung, daß dieser nicht berechtigt sei, das Geschäft zu übernehmen; im zweiten Rechtszug beantragte er weiter Verurteilung des Beklagten zur Fortsetzung des Gesellschaftsverhältnisses. Die Klage drang durch. Die Auffassung des Berufungsgerichts, daß eine Befriedigung des Gläubigers nach der Kündigung, aber vor der Auflösung der Gesellschaft dem anderen Gesellschafter das Recht nehme, sich auf die Kündigung zu berufen, war allerdings rechtsirrig. Ist die Kündigung einmal rechtswirksam erklärt, so ist sie unwiderruflich und löst die Gesellschaft zu dem im Gesellschaftsvertrag vorgesehenen Zeitpunkt auf; die Gesellschaft ist abzuwickeln, es sei denn, daß der Mitgesellschafter von seinem Recht, das Geschäft ohne Abwicklung zu übernehmen, Gebrauch macht. Zur Fortsetzung der einmal gekündigten Gesellschaft bedarf es der Zustimmung aller Gesellschafter. Eine davon verschiedene Frage ist es aber, ob die einzelnen Gesellschafter im Innenverhältnis verpflichtet sind, einer Fortsetzung der Gesellschaft zuzustimmen, nachdem der Gläubiger befriedigt ist oder aus einem anderen Grunde keinen Anspruch auf das Auseinandersetzungsguthaben des Schuldners mehr erhebt. Diese Frage ist nach den Grundsätzen der Gesellschaftstreue unter Berücksichtigung aller Umstände zu entscheiden, wobei auch die Verfügungen von Bedeutung sein können, welche die Gesellschafter mit Rücksicht auf die Kündigung und die bevorstehende Auflösung der Gesellschaft schon getroffen haben. Der Beklagte hatte vorgebracht, daß er, um sich die nötigen Mittel für die Auseinandersetzung mit dem Kläger zu verschaffen, eine ihm gehörige Fabrik verkauft und ferner ein Darlehen von 30000 *RM* aufgenommen habe. Das genügte nicht, um die Klage zu Fall zu bringen. Nach der vom Beklagten selbst aufgestellten Bilanz betrug das Kapitalkonto des Klägers am 31. Dezember 1939 rund 260000 *RM*, das des Beklagten nicht einmal die Hälfte davon. Der Kläger hatte somit ganz erhebliche Werte in der Gesellschaft stecken, und die Treupflicht des Beklagten als Mitgesellschafter erforderte es, an der Freimachung dieser Werte zur Bezahlung der Steuerschuld mitzuwirken, anstatt sogleich die Auseinandersetzung mit dem Kläger vorzubereiten. Er mußte damit rechnen, daß das Finanzamt vor dem Auflösungsstichtag erklärte, an der Auflösung der Gesellschaft kein Interesse mehr zu haben, da der Kläger bei dem erheblichen Werte seines Geschäftsanteils ein durchaus vermögender Mann war. Die Gesellschaft stand, obwohl sie im Jahr 1940 mit Verlust arbeitete, gut und war auch hinlänglich flüssig, um die Steuerschuld zu decken. Der Beklagte lief also durch die Fortsetzung der Gesellschaft keine Gefahr. Unter diesen Umständen erforderte es seine Treupflicht gegen den Mitgesellschafter, die Gesellschaft mit ihm fortzusetzen. (II, 18. Mai 1942.)

Amtl. Sammlg. S. 153—158.

28. **Legitimation. Feststellung der Ehelichkeit. Mehrverkehr. Rechtshilfe.** (BGB. § 1720; PersStG. § 31; FGG. §§ 2, 12; GVG. §§ 158, 159; VO. vom 13. Juni 1940 § 1.) Zum Zwecke der Feststellung, ob ein von einer Ehefrau vor der Ehe geborenes Kind durch die Heirat der Eltern die Rechtsstellung eines ehelichen Kindes erlangt hatte, ersuchte das mit der Sache befaßte Amtsgericht ein anderes Amtsgericht um Einvernahme der Kindsmutter, ob sie während der Empfängniszeit außer mit ihrem Ehemanne auch mit einem anderen Manne Geschlechtsverkehr gehabt habe. Das ersuchte Amtsgericht lehnte das Ersuchen ab mit der Begründung, daß die Frage des Mehrverkehrs für die Entscheidung ohne Bedeutung sei und daß es darum nicht statthaft sei, die Mutter hierüber zu vernehmen. Das Oberlandesgericht erklärte die Ablehnung für begründet. Das Reichsgericht gab der dagegen eingelegten Beschwerde statt. Das ersuchende Amtsgericht hatte seinen Sitz in den eingegliederten Ostgebieten, das ersuchte im Altreich. § 158 GVG. gilt auch in den eingegliederten Ostgebieten. Das ersuchte Amtsgericht durfte die Rechtshilfe nur ablehnen, wenn die vorzunehmende Handlung nach dem in seinem Gebiet geltenden Rechte verboten war. Das traf nicht zu. Allerdings erlangt ein uneheliches Kind durch die Heirat seiner Eltern die rechtliche Stellung eines ehelichen Kindes schon

dann, wenn der Ehemann der Mutter während der Empfängniszeit beigewohnt hat. Die Legitimation wird daher nicht durch den bloßen Nachweis entkräftet, daß die Mutter während der Empfängniszeit auch mit einem anderen Manne geschlechtlich verkehrt hat. Sie tritt aber nicht ein, wenn es den Umständen nach offenbar unmöglich ist, daß die Mutter das Kind aus der Beiwohnung ihres späteren Ehemannes empfangen hat. Die Prüfung, ob eine solche offenbare Unmöglichkeit vorliegt, bewegt sich daher im Rahmen der vom Vormundschaftsgericht von Amts wegen vorzunehmenden Ermittlungen. Welche Ermittlungen hiefür erforderlich sind, hat das Vormundschaftsgericht nach seinem Ermessen zu beurteilen. Für die Frage, ob die Vaterschaft des Ehemannes offenbar unmöglich ist, kann vor allem die Tatsache von Bedeutung sein, daß die Mutter innerhalb der Empfängniszeit außer mit ihm auch noch mit einem anderen Manne geschlechtlich verkehrt hat. Ein etwaiger Mehrverkehr kann dem Vormundschaftsgericht Veranlassung geben, die Abstammung des Kindes durch eine Blutgruppen- oder Ähnlichkeitsuntersuchung nachprüfen zu lassen. Ein Zeugniszwang kann gegen die Mutter nicht ausgeübt werden. (IV, 20. Mai 1942.) Amtl. Sammlg. S. 158—160.
Vgl. Bd. 169 S. 48.

29. **Österreichisches Patent. Kombinationspatent.** (PatG. § 6; ÖstPatG. 1925 § 8; VO. vom 27. Juli 1940.) Durch ein am 31. Juli 1931 angemeldetes österreichisches Patent war ein Verfahren zum Auslesen von Sämereien geschützt. Das Verfahren besteht darin, daß eine bestimmte Menge von Sämereien in einen Trommeltrieur gebracht und dieser in schnellen Umlauf gesetzt wird; die Sämereien suchen demzufolge die Gestalt eines nierenförmigen Körpers anzunehmen, von welchem die zurückrieselnden Körnerschichten entgegengesetzt zur Drehrichtung der Trommel dem vor dem Sämereikörper liegenden Teil des Trommelmantels zugeführt werden; die Förderung der Körner zu dem vor dem Getreidekörper liegenden Mantelteil erfolgt durch freien Wurf der Körner (z. B. mittels unabhängig umlaufender Schläger, mittels Druckluftstrahlen od. dgl.) und ohne Störung der in den aufwärts wandernden Schichten des Sämereikörpers befindlichen Körner. Ein deutscher Fabrikant stellte Sämerei-

auslejer her, deren Bauart im wesentlichen den durch das österreichische Patent geschützten entsprach. Die Inhaber des österreichischen Patents klagten auf Unterlassung, Entfernung oder Vernichtung der Eingriffsgegenstände, Rechnungslegung und Herausgabe der Bereicherung. Die Klage wurde in allen Rechtszügen abgewiesen. Das Berufungsgericht hatte seiner Entscheidung das österreichische Patentgesetz vom Jahr 1897 in der Fassung von 1925 zugrunde gelegt. Das erklärte das Reichsgericht für rechtsirrig. Nach § 12 der Verordnung über das Patent- und Gebrauchsmusterrecht aus Anlaß der Wiedervereini- der Ostmark mit dem Deutschen Reich vom 27. Juli 1940 findet auf Patente ostmärkischen Ursprungs das deutsche Patentgesetz vom 5. Mai 1936 Anwendung, soweit nicht in der Verordnung anders bestimmt ist. Hienach war der Unterlassungsanspruch nach dem deutschen Patentgesetz zu beurteilen, da er sich seiner Natur nach gegen zukünftige Patentverletzungen richtete. Dagegen ließ sich nicht einwenden, daß die Klage durch Patentverletzungen veranlaßt war, die vor dem 1. Oktober 1940 stattgefunden hatten; dem Unterlassungsantrag konnte nur dann entsprochen werden, wenn die beanstandeten Handlungen auch zu der Zeit noch eine Patentverletzung darstellten, zu der das Urteil auf Unterlassung erging. Die Unterlassungsklage setzt einen schon verwirklichten Eingriff in das Patent nicht voraus; sie ist schon dann begründet, wenn durch die Tatsachen gerechtfertigte, nicht nur auf eine Möglichkeit gegründete Besorgnis künftiger Verletzungen besteht. Die Entscheidung des Berufungsgerichts über den Unterlassungsanspruch entsprach nicht den in der Rechtsprechung des Reichsgerichts entwickelten Grundsätzen. Es war davon ausgegangen, daß das Klagepatent ein Kombinationspatent sei und daß bei einem solchen eine Patentverletzung nur dann angenommen werden könne, wenn ein als Eingriff bezeichnetes Verfahren oder eine Einrichtung alle im Wesen der Erfindung liegenden Merkmale in ihrem Zusammenwirken aufweise. Diese Auffassung erklärte das Reichsgericht für unhaltbar. Die Verletzung eines Kombinationspatents setzt keineswegs voraus, daß der Verletzer alle wesentlichen Merkmale des Patents benutzt; vielmehr kommt es darauf an, ob die Ausführungsform des Verletzers von dem Kombinationsgedanken Gebrauch macht oder ob sie ein einzelnes Merkmal der Kombination oder eine Unterkombination benutzt, die als solche erfinderisch neu sind und in diesem Sinne von einem über den im Anspruch zum Ausdruck gelangten Gegenstand der Erfindung hinausgehenden allgemeineren Erfindungsgedanken Gebrauch macht. Demgemäß durfte das Berufungsgericht es nicht dahingestellt lassen, ob die Kläger einen selbständigen Schutz für den Gedanken in Anspruch nehmen konnten, die Bildung der im Inneren des Getreidekörpers kreisenden Schichten durch einen auf den Abwärtsstrom beschränkten Eingriff so zu stören, daß die Körner der inneren Schicht an den Trommelmantel herangebracht und so einer verbesserten Auslesemöglichkeit zugeführt wurden. Wenn dieser Gedanke als erfinderisch neu und fortschrittlich anzuerkennen 'zwar wurde eine Patentverletzung nicht unter allen Umständen dadurch ausgeschlossen, daß der Eingriff in den Getreidekörper bei den Trieuren der Beklagten nicht durch eine dynamisch wirkende Schlägerwalze, sondern durch ruhende Leitbleche ausgeführt wurde. Diese Verschiedenheit schloß nicht aus, daß die ihnen zugrunde liegenden Erfindunsgedanken übereinstimmten. Aus den vorgelegten Gutachten ergab sich aber, daß die Leitbleche der Trieure des Beklagten wesentlich anders wirkten als die Schlägerwalze in jenen der Kläger. Während bei diesen die abwärts wandernden Körnerschichten durch die Wurfwirkung der Schlägerwalze über einen größeren Teil des Trommelmantels verteilt wurden, als sie ihn in einem Trieur ohne Einbauten einnahmen, wurde der von den Körnern bedeckte Teil des Trommelmantels durch die Leitbleche des Beklagten nicht nur nicht vergrößert, sondern im Gegenteil verkleinert. Das war ein grundlegender Unterschied zwischen dem durch das Klagepatent geschützten Verfahren und der Arbeitsweise der Trieure des Beklagten. Die Kläger hatten demgegenüber ausgeführt, auch bei den Trieuren des Beklagten könnten innenkreisende Schichten nicht entstehen; die Schrägwirkung der Leitbleche des Beklagten habe eine ständige Änderung der Zusammensetzung der Schichten der Getreideniere zur Folge und diese stetige Umschichtung führe beim Durchlaufen des Trieurs schließlich alle Schichten der Getreideniere an den Trommelmantel heran. Damit nahmen die Kläger einen allgemeineren Erfindungsgedanken für ihr Patent in Anspruch, als der Rechtslage entsprach; während das Patent nur den Gedanken unter Schutz stellte, die Auslesewirkung durch die Beförderung der Körner auf einen vor dem Getreidekörper liegenden Mantelteil der Trommel zu verbessern, beanspruchten die Kläger einen Schutz für jede Verhinderung der Bildung von innenkreisenden Schichten, gleichviel, ob die aufgeschlossenen Schichten einem leeren Mantelteil zugeführt wurden oder nicht. Dieser allgemeine Erfindungsgedanke würde nur dann als geschützt anerkannt werden können, wenn er neu, fortschrittlich und erfinderisch und außerdem in der Patentschrift so geoffenbart wäre, daß der durchschnittliche Fachmann ihn zur Zeit der Anmeldung des Patents daraus zu entnehmen vermochte. Das traf nicht zu. Die Beschreibung des Patents des Klägers offenbarte den Nutzen der Verhinderung von innenkreisenden Schichten nur in der Verbindung mit einer Vergrößerung der Auslesefläche, enthielt aber keine Andeutung davon, daß die Auslesewirkung durch die Vermeidung innenkreisender Schichten auch ohne jede zusätzliche Maßnahme verbessert werden könne. Dieser Gedanke wurde also durch das Patent der Kläger nicht geschützt. Die Revision der Kläger mußte demnach insofern zurückgewiesen werden, als sie sich gegen die Abweisung des nach deutschem Patentrecht zu beurteilenden Unterlassungsanspruch richtete. Über die anderen Klageansprüche war auf Grund des österreichischen Patentgesetzes zu entscheiden, da sie sich auf angebliche Patentverletzungen stützten, die vor dem 1. Oktober 1940 lagen. Unter den Bestimmungen, die nach der Verordnung vom 27. Juli 1940 in solchen Fällen maßgebend sind, können aber nur die gesetzlichen Vorschriften, nicht auch die in der Rechtsprechung des Obersten Gerichtshofs in Wien entwickelten Rechtssätze verstanden werden. Zwar wird diese Rechtsprechung auch heute noch bei der Auslegung der Vorschriften des österreichischen Patentgesetzes in jedem Falle zu beachten sein, wird auch Veranlassung bieten können, die in der Rechtsprechung des Altreichs entwickelten Grundsätze auf ihre Berechtigung nachzuprüfen. Aber eine Bindung des Reichsgerichts an die Rechtsprechung des Obersten Gerichtshofs besteht für die Auslegung des österreichischen Patentgesetzes nicht. Soweit die Vorschriften des österreichischen und des deutschen Patentgesetzes sich decken, können sie vom Reichsgericht nur einheitlich ausgelegt werden. Es geht nicht an, daß das Reichsgericht bei der Abgrenzung des Schutzumfangs eines Patents ostmärkischen Ursprungs für die Zeit nach dem 1. Oktober 1940 seine eigene Rechtsprechung zur Anwendung bringt, für die frühere Zeit dagegen jene des Obersten Gerichtshofs in Wien. Die Wirkung des Patents ist im § 6 des deutschen Patentgesetzes vom 5. Mai 1936 ebenso begrenzt wie im § 8 des österreichischen Patentgesetzes vom 11. Januar 1897 in der Fassung des Gesetzes vom 2. Juli 1925. Beide Vorschriften stimmen fast wörtlich überein. Auch die anderen für die Abgrenzung des Schutzumfangs in Betracht kommenden Vorschriften des österreichischen Patentgesetzes weichen von jenen des deutschen Patentgesetzes nicht so weit ab, daß sie die Ausschaltung der Grundsätze der deutschen Rechtsprechung über den Schutz allgemeiner Erfindungsgedanken bei der Auslegung der Patente ostmärkischen Ursprungs für die Zeit vor dem 1. Oktober 1940 zu rechtfertigen vermöchten. Nur soweit das österreichische Patentgesetz Vorschriften enthält, die von denen des deutschen Patentgesetzes inhaltlich abweichen, sind diese Vorschriften selbständig und ohne Rücksichtnahme auf die in der deutschen Rechtsprechung entwickelten Grundsätze auszulegen. Demgemäß mußten auch die Ansprüche der Kläger, die sich auf Handlungen der Beklagten aus der Zeit vor dem 1. Oktober 1940 stützten, abgewiesen werden. (I, 5. Mai 1942.)

Amtl. Sammlg. S. 161—171.

30. **Grenzüberbau. Zwischenbau. Bestandteil.** (BGB. §§ 93—95, 912, 946; EGzBGB. Art. 181.) Zwei nebeneinander liegende, demselben Eigentümer gehörige Grundstücke (Nr. 91 und Nr. 93) waren in der Weise bebaut, daß das auf Nr. 91 errichtete Gebäude nicht ganz bis zur Grenze reichte, vielmehr an dieser eine ungedeckte Einfahrt frei ließ, während das auf Nr. 93 errichtete Gebäude bis an die Grenze ging. Der Zwischenraum diente als Zugang zu dem Hofe des Hauses Nr. 91; das Haus Nr. 93 hatte an der Grenze der beiden Grundstücke eine gedeckte, durch die oberen Stockwerke überbaute Toreinfahrt. Im Jahr 1876 wurde der Zwischenraum zwischen den beiden Häusern in der Weise überbaut, daß die Einfahrt zu Nr. 91

nunmehr ebenfalls überdeckt war. Diese Einfahrt diente nun, nachdem die an der Grenze aufgerichtete Brandmauer durchbrochen war, auch für das Haus 93; die überdeckte Einfahrt zum Hof dieses Hauses wurde zugebaut. Im Innern wurde der Zwischenbau hauptsächlich mit dem Haus Nr. 93 in Verbindung gebracht. In beiden, auf diese Weise vereinigten Häusern wurde ein Gasthof betrieben. Im Jahr 1940 wurden die beiden Grundstücke im Zwangsweg versteigert und verschiedenen Erwerbern zugeschlagen. Der Erwerber des Grundstücks Nr. 93 klagte gegen den Erwerber des Grundstücks Nr. 91 auf Feststellung, daß der Zwischenbau als Überbau anzusehen sei und demgemäß in seinem Eigentum stehe. In allen Rechtszügen wurde die Klage abgewiesen. Das beim rechtmäßigen Grenzüberbau entstehende Recht des überbauenden Grundeigentümers auf Duldung des Überbaues durch den Eigentümer des Nachbargrundstücks hat die Wirkung, daß der hinübergebaute Gebäudeteil nicht Bestandteil des Grundstücks wird, auf dem es steht, sondern wesentlicher Bestandteil des Grundstücks bleibt, von dem aus es übergebaut wurde; der Nachbar erhält als Entschädigung eine Rente. Das hat auch dann zu gelten, wenn die beiden Grundstücke im gleichen Eigentum stehen; die Wirkungen treten hier allerdings erst dann in die Erscheinung, wenn das Eigentum an den Grundstücken auseinanderfällt. Nach dem zur Zeit der Errichtung des Zwischenhauses geltenden Gemeinen Recht hatte sich das Eigentum an dem Grundstück 91 ohne weiteres auf den Zwischenbau erstreckt. Vom 1. Januar 1900 an hatte aber das Grundstückrecht des Bürgerlichen Gesetzbuchs Anwendung zu finden und konnte nach den Vorschriften über den Überbau ein Wechsel des Eigentums eintreten. Das Berufungsgericht hatte darauf Gewicht gelegt, daß der Zusammenhang des Zwischenbaues mit dem Hause Nr. 93 gelöst werden könne, ohne daß dadurch wirtschaftliche Werte unnötig zerstört würden. Das erklärte das Reichsgericht für rechtsirrig. Wenn der Zwischenbau nur mit dem Hause Nr. 93, bautechnisch und wirtschaftlich gesehen, ein Gebäude bildete, das zum Teil auf dem benachbarten Grundstück stand, konnte das Ganze der Eigenschaft eines Überbaues nicht dadurch verlustig gehen, daß es möglich war, den übergebauten Teil durch gewisse bauliche Maßnahmen, die, wenn auch nicht Werte zerstörend, so doch umgestaltend in sein Gefüge eingriffen, zu dem Hause Nr. 91 zu ziehen und eine bisher nicht vorhanden gewesene Einheit mit diesem Hause herzustellen. Im Ergebnis war aber das Berufungsurteil richtig, weil der Zwischenbau nicht als Überbau anzusehen war. Von einem Überbau kann wohl gesprochen werden, wenn bei der Erweiterung eines schon vorhandenen Gebäudes dergestalt über die Grenze gebaut wird, daß das erweiterte Gebäude nunmehr auf zwei Grundstücken steht, während bloße Anbauten den Rechtsbegriff des Überbaues nicht erfüllen. Aber auch ein Zwischenbau, der lediglich dazu dient, eine Lücke zwischen zwei auf verschiedenen Grundstücken stehenden Gebäuden auszufüllen, ist kein Überbau im Rechtssinne, selbst wenn er Teilflächen beider Grundstücke in Anspruch nimmt. Ein Bau solcher Art kam hier in Frage. Der Zweck des Zwischenbaues war ersichtlich nicht allein, einer besseren wirtschaftlichen Ausnutzung eines bis dahin mehr oder minder brachliegenden Baugrundes, sondern vor allem einer wirtschaftlichen Führung des in den Häusern 91 und 93 unterhaltenen Gasthofbetriebes zu dienen, die durch den Mangel einer Verbindung zwischen den beiden Häusern nicht unerheblich beeinträchtigt erschien. So ergab sich eine wirtschaftliche und bauliche Zugehörigkeit des Verbindungsbaues zu beiden Häusern; die Tatsache, daß der Verbindungsbau in seinem Innern mehr dem Hause Nr. 93 angepaßt war als dem Hause Nr. 91, änderte daran nichts. Die Zugehörigkeit zum Hause Nr. 91 wurde insbesondere nicht dadurch in Frage gestellt, daß, abgesehen von dem Brandmauerdurchbruch, keine weitere unmittelbare Verbindung des Zwischenbaues mit den Räumen der oberen Stockwerke dieses Hauses bestand; da der Zwischenbau die Toreinfahrt beider Häuser in sich aufnahm und auf diese Weise den einzigen Zugang zum Hofraum beider Grundstücke und über diesen zu den oberen Stockwerken des Hauses Nr. 91 herstellte, war die Zugehörigkeit zu diesem Hause deutlich gegeben. Bei dieser Sachlage konnte der Zwischenraum nicht als ein zum Hause Nr. 93 gehöriger Überbau behandelt werden, vielmehr mußte es bei der Regel bleiben, daß der Zwischenbau Bestandteil des Grundstücks Nr. 91 war, auf dem er stand. (V, 11. Mai 1942.)

Amtl. Sammlg. S. 172—180.

Vgl. Bd. 46 S. 143; Bd. 47 S. 114; Bd. 52 S. 15; Bd. 56 S. 243, 288; Bd. 65 S. 73; Bd. 72 S. 269; Bd. 160 S. 166.

31. **Wegerecht. Änderung der Verhältnisse. Unzulässige Rechtsausübung. Kriegswirtschaft.** (BGB. §§ 226, 242, 826, 1019, 1020, 1169; EGzBGB. Art. 184.) Von einer Baumwollspinnerei aus wurde zum Güterbahnhof ein Weg benutzt, der über benachbarte Fabrikgelände führte. Die Eigentümer dieser Gelände bestritten, daß dazu ein Recht bestehe, und verwehrten vom Jahr 1936 an die Benutzung des Weges. Das Berufungsgericht erkannte ein auf Ersitzung bestehendes Recht an und verurteilte die Beklagten zur Gestattung der Ausübung des Rechtes und zur Bewilligung der Eintragung im Grundbuch. Das Reichsgericht verwies die Sache zurück. Die Beklagten hatten gegenüber der Klage hauptsächlich eingewendet, die Klägerin sei auf diesen Weg nicht angewiesen, habe vielmehr später angelegte, bessere Wege zur Verfügung. Das Berufungsgericht hatte diesem Einwand keine Beachtung geschenkt mit der Begründung, daß weder § 226 noch § 826 BGB. zur Anwendung kommen könnten. Das Reichsgericht erkannte das für richtig an, da weder die Ausübung des Wegerechts nur den Zweck haben könne, den Beklagten Schaden zuzufügen, noch die Klägerin bei dessen Ausübung gegen die guten Sitten verstoße; es erklärte aber den Grundgedanken des § 242 BGB. (Handeln nach Treu und Glauben) für anwendbar. Die Notwendigkeit, daß jeder Volksgenosse sein Verhalten dem gesunden Volksempfinden entsprechend einrichte und daß er dabei sowohl auf die Belange des Volksganzen als auch auf die des einzelnen, mit ihm in Berührung kommenden Volksgenossen entsprechend Rücksicht nehme, gilt durchaus auch auf dem Gebiete des Eigentums und der Rechte an fremdem Eigentum. Gerade hier kann das Nebeneinanderleben, das nachbarliche Gemeinschaftsverhältnis, Rücksichten erfordern. Das Berufungsgericht hatte angenommen, daß die Anwendung dieses Grundsatzes auf Grunddienstbarkeiten auf ganz außergewöhnliche Fälle beschränkt werden müsse. Das erklärte das Reichsgericht für gefährlich eng. Wegegerechtigkeiten werden gewöhnlich nur da entstehen, wo keine geeigneten öffentlichen Wege zur Verfügung sind, wo zum mindesten der als Son-

derrecht begründete Wegezug in Ausdehnung und Beschaffenheit Vorteile vor anderen Wegen bietet. Daraus ist zwar nicht zu folgern, daß ein Privatwegerecht stets dann erlischt, wenn es durch einen später angelegten öffentlichen Weg entbehrlich wird. Das ist auch nicht aus § 1019 BGB. zu folgern, denn jeder brauchbare Weg, der zu einem Grundstück führt, ist für dieses vorteilhaft, mögen auch daneben andere und bessere Wege bestehen. Anders ist es aber, wenn infolge einer bei der Begründung eines Wegerechts nicht vorauszusehenden Entwicklung dieses Recht, vom Standpunkt vernünftiger Wirtschaft aus gesehen, keinen Vorteil für das herrschende Grundstück mehr bietet und sich zugleich die Nachteile für das dienende Grundstück stark vermehrt haben, so daß nunmehr der Nutzen außer Verhältnis zum Schaden steht. Bei einer derartigen völligen Veränderung der Grundlagen muß dem Belasteten in aller Regel in Ausdehnung der Bestimmung des § 1020 BGB. und in entsprechender Anwendung des Rechtsgedankens, welcher der für die Hypothek aufgestellten Vorschrift des § 1169 BGB. zugrunde liegt, die Befugnis zugebilligt werden, der weiteren Ausübung des alten Wegerechts zu widersprechen und, sofern die Veränderung nicht nur zeitweilig ist und ihr auch nicht durch eine bloße Einschränkung der Wegbenutzung Rechnung getragen werden kann, von dem Berechtigten den Verzicht auf sein Recht zu verlangen. Der Klägerin standen öffentliche Wege zur Verfügung; wenn diese, wie das Berufungsurteil ausführte, länger waren als der von ihr angestrebte Privatweg, so war zu prüfen, ob der Unterschied in Anbetracht der Gesamtlänge des Weges überhaupt in Betracht kam. Das Berufungsgericht hatte auch keine Feststellung über das Befahren des Privatweges getroffen (Beschaffenheit, notwendige Aufenthalte, Steigungen). Kam es auch nicht auf eine genaue Abwägung der Vorteile und Nachteile des einen oder anderen Weges an, so konnte doch anderseits die Frage, ob die Klägerin töricht und eigensinnig handelte, wenn sie auf dem Privatwege bestand, nur bei der Betrachtung der mehreren Wege im ganzen beantwortet werden. Dabei war auch zu prüfen, ob es für die Klägerin in beachtlicher Weise vorteilhaft wäre, wenn sie für den Fall der Sperrung der öffentlichen Wege noch den Privatweg zur Verfügung hätte. Falls sich der Einwand der Beklagten als unbegründet herausstellte, blieb als Geringeres zu prüfen, ob der Klägerin die Ausübung des Wegerechts aus Gründen der Kriegswirtschaft zeitweilig zu untersagen war. Einer der Beklagten hatte sich auf die gebotene Geheimhaltung seiner Betriebsvorgänge berufen. Im Rahmen des zwischen dem Wegeberechtigten und dem Eigentümer des belasteten Grundstücks bestehenden Gemeinschaftsverhältnisses erheischen derartige, aus einem allgemeinen Notstand erwachsende Erschwerungen besonders weitgehende Rücksicht. Der Berechtigte kann nicht verlangen, daß sie, obwohl sie auf Maßnahmen beruhen, die dem Gemeinwohl dienen und deshalb auch ihm zugute kommen, vom Eigentümer des belasteten Grundstücks allein getragen werden. Auch die Rechte an fremder Sache sind nichts Starres und Unveränderliches, sondern müssen sich der wirtschaftlichen Entwicklung anpassen und höheren Anforderungen des Gemeinwohls weichen. (V, 8. Juni 1942.)

Amtl. Sammlg. S. 180—185.

Vgl. Bd. 126 S. 370; Bd. 154 S. 161; Bd. 167 S. 14.

32. **Pachtvertrag. Angebot von Grundstücken. Vorvertrag. Nichtigkeit.** (BGB. §§ 139, 313.) In einem schriftlichen Pachtvertrag über ein Grundstück räumte der Verpächter dem Pächter das Recht ein, das Grundstück während der Dauer des Vertrags um einen bestimmten Preis, dessen Zahlung näher festgelegt wurde, zu erwerben. Im Anschluß daran ließ der Verpächter sein Angebot notarisch beurkunden. Vor Ablauf des Pachtvertrags klagte der Verpächter auf Feststellung, daß der Pachtvertrag und das Verkaufsangebot nichtig seien; es habe sich um ein einheitliches Rechtsgeschäft gehandelt, das in vollem Umfang der Form des § 313 BGB. bedurft hätte. In zwei Rechtszügen drang die Klage durch. Das Reichsgericht verwies die Sache zurück. An sich geht die Rechtsprechung des Reichsgerichts dahin, daß bei einem sog. Offertvertrag nicht nur das bindende Angebot zur Veräußerung eines Grundstücks, sondern auch die anderen vertraglichen Abmachungen, die mit dem Angebot eine rechtliche Einheit bilden, gerichtlich oder notarisch beurkundet werden müssen. Gleichwohl war im vorliegenden Fall eine Nichtigkeit des Vertrags nicht anzunehmen. Die im Pachtvertrag über-

nommene Verpflichtung des Klägers zur Abgabe eines formgerechten Verkaufsangebotes mit bestimmtem Inhalt war ungültig, weil es sich um einen Vorvertrag zur Abgabe eines formbedürftigen Verkaufsangebotes handelte und Vorverträge grundsätzlich der gleichen Form bedürfen wie das Hauptgeschäft. Die Formnichtigkeit dieser Verpflichtung bewirkte die Nichtigkeit des ganzen Pachtvertrags, mit dessen sonstigen Abmachungen sie in Einheitszusammenhang stand. Ein ohne Beobachtung der Form geschlossener Vertrag über die Übertragung des Eigentums an einem Grundstück wird aber seinem ganzen Inhalt nach gültig, wenn die Auflassung und die Eintragung in das Grundbuch stattfinden. Dieser Bestimmung liegt folgende Erwägung zugrunde: Die Formvorschrift des § 313 BGB. dient dem Zweck, den Veräußerer des Grundstücks auf die besondere Wichtigkeit des beabsichtigten Geschäfts hinzuweisen und ihm zugleich die Möglichkeit rechtskundiger Belehrung und Beratung nahezubringen. Dieser Zweck wird auch erreicht, wenn es nach einer formlos geschlossenen Grundstücksveräußerung zur Auflassung und Eintragung kommt. Deshalb läßt das Gesetz in einem solchen Falle das zunächst ungültige Veräußerungsgeschäft nachträglich in vollem Umfange gültig werden. Nicht anders aber steht es, wenn die formlos übernommene Verpflichtung zu einem Grundstücksverkaufsangebot durch dessen formgerechte Abgabe erfüllt wird; auch hier wird der Zweck, wegen dessen Anwendung der Formvorschrift auf den Vorvertrag gerechtfertigt erscheint, durch die bei dem Verkaufsangebot gewahrte Form voll erreicht. Die formheilende Wirkung tritt hier mit der vorschriftsmäßigen Beurkundung des Angebots ein, durch die der ganze Vertrag rechtsgültig wird. Voraussetzung ist, daß das Angebot vollständig, mit allen wesentlichen, im Pachtvertrag dafür vorgesehenen Bedingungen beurkundet wird. Das war geschehen. Der Kläger hatte sich auch noch darauf berufen, daß er den Vertrag wegen arglistiger Täuschung angefochten habe. Das Berufungsgericht brauchte hierauf nicht einzugehen, da es der Klage schon wegen Formnichtigkeit der Verträge stattgab. Es hatte gleichwohl ausgesprochen, daß für eine Anfechtung wegen arglistiger Täuschung kein Grund nachgewiesen sei. Daß diese Feststellung ohne zwingenden Anlaß getroffen wurde,

beeinträchtigte ihre Erheblichkeit nicht. (V, 15. Juni 1942.) Amtl. Sammlg. S. 185—191.
Vgl. Bd. 53 S. 236; Bd. 62 S. 411; Bd. 166 S. 263.

33. Vormundschaft. Zuständigkeit. (BGB. §§ 7, 11; FGG. § 36; ÖstJN. § 71.) Eine in Charlottenburg wohnende Frau verlegte nach dem Tode ihres Ehemannes mit ihrem minderjährigen Sohne ihren Wohnsitz nach Wien; dort gebar sie noch einen Sohn. Bald nach der Geburt starb sie. Die Kinder hatten nach deutschem Recht ihren Wohnsitz in Wien, nach österreichischem Recht in Charlottenburg. Das Amtsgericht Wien machte die Übernahme der Vormundschaft davon abhängig, daß festgestellt werde, welche Werte den Kindern aus dem Nachlaß ihres Vaters zugewiesen worden seien. Das Reichsgericht erklärte das für unrichtig. Die Beerbung des Vaters richtete sich nach deutschem Recht; dieses kennt aber keine Nachlaßabhandlung, vielmehr ist die Tätigkeit des Nachlaßgerichts im allgemeinen mit der Erteilung des Erbscheins beendet. Diese war hier schon erfolgt. Die Prüfung, welche Werte den Kindern aus dem Nachlaß des Vaters gebührten, oblag dem Vormundschaftsgericht. Das Reichsgericht erklärte das Amtsgericht Wien-Hietzing für zuständig. (VIII, 17. Juni 1942.)
Amtl. Sammlg. S. 192.

34. Abstammungsklage. Erbbiologisches Gutachten. Beweiswürdigung. (ZPO. § 640.) Eine Klage auf Feststellung, daß der Beklagte nicht vom Kläger abstamme, wurde vom Landgericht abgewiesen. Das Berufungsgericht verwarf die Berufung des Klägers und stellte fest, daß er der Vater des Beklagten sei. Die Revision des Klägers führte zur Beseitigung dieser Feststellung; im übrigen hatte sie keinen Erfolg. Das Urteil des Berufungsgerichts stützte sich hauptsächlich auf die Aussage der Mutter des Klägers, die dahin ging, daß sie außer mit dem Kläger während der Empfängniszeit mit keinem Manne geschlechtlich verkehrt habe. Es lag allerdings ein erbbiologisches Gutachten vor, wonach der Kläger sehr wahrscheinlich von der Vaterschaft am Beklagten auszuschließen war; das Berufungsgericht hatte aber gefunden, daß diese Schlußfolgerung durch den Inhalt des Gutachtens nicht gerechtfertigt werde. Wenn zwischen dem Kläger und dem Beklagten keine schwerwiegenden erbbiologischen Übereinstimmungen festgestellt seien, werde dadurch doch keineswegs die Möglichkeit ausgeräumt, daß dieses Fehlen einfach darauf beruhe, daß, wie nach den Mendelschen Gesetzen natürlich und allgemein bekannt sei, eine oder vielleicht mehrere Generationen übersprungen worden seien; der Augenschein habe auch ergeben, daß der Beklagte eher dem Kläger als einem Zeugen, den der Kläger als dessen Vater bezeichnete, ähnlich sei. Das Reichsgericht bezeichnete diese Bewertung des erbbiologischen Gutachtens durch das Berufungsgericht für fehlerhaft. Wenn das Gericht auch an ein solches Gutachten nicht gebunden ist, darf es doch mangels genügender Sachkunde nicht ohne weiteres die Erkenntnisse des Gutachters durch eigene ersetzen. Glaubt es sich dem Gutachten nicht anschließen zu können, so bleibt ihm nur der Weg, dem Gutachter seine Bedenken vorzuhalten und ihn zu veranlassen, dazu Stellung zu nehmen, oder aber ein neues Gutachten durch ein anderes der dafür in Betracht kommenden Stellen einzuholen. Ebenso unhaltbar war es, wenn das Berufungsgericht das Ergebnis des Gutachtens durch das seiner Augenscheinseinnahme ersetzte und es geradezu umkehrte. Die ausdrückliche Feststellung des Berufungsgerichts, daß der Kläger der Vater des Beklagten sei, ließ sich sonach nicht halten, zumal schon aus der Begründung des Berufungsurteils zu entnehmen war, daß gegen die Glaubwürdigkeit der Hauptzeugen beachtliche Bedenken vorlagen. Das Berufungsgericht hatte angenommen, daß diese Feststellung Rechtskraftwirkung haben und damit bindend für und gegen alle die Vaterschaft des Klägers feststellen würde. Das Reichsgericht ließ dahingestellt, ob eine solche Wirkung der Feststellung auch dann eintrete, wenn ihr kein Antrag zugrunde liege; es erklärte aber den Kläger schon durch die Feststellung insoweit beschwert, als er dadurch der Gefahr ausgesetzt war, daß die Feststellung von anderen Stellen als bindend angesehen werde. Unbegründet war dagegen die Revision, soweit mit ihr der Antrag auf verneinende Feststellung weiterverfolgt wurde. Wenn auch nach dem Gesamtergebnis mit der Möglichkeit eines geschlechtlichen Verkehrs der Kindsmutter mit dem als Vater bezeichneten Zeugen innerhalb der Empfängniszeit zu rechnen war, so ließ sich doch ein solcher Verkehr keineswegs mit Sicherheit feststellen. Unter solchen Umständen reichte das erbbiologische Gutachten nicht aus, um in dem Zeugen den Vater des Beklagten zu sehen mit der Folge, daß dadurch der Kläger als Vater des Beklagten ausschied. (IV, 30. Mai 1942.) Amtl. Sammlg. S. 193—196.

35. **Ehescheidung. Verzeihung. Wiedereinsetzung.** (Ehe-G. § 56; ZPO. §§ 232, 233, 234, 236.) Die Frau eines im Felde stehenden Soldaten wurde als Posthelferin beschäftigt. Sie benutzte die Gelegenheit, um aus Feldpostsendungen Zigaretten und Süßigkeiten zu entwenden und wurde deshalb zu einer Zuchthausstrafe von zwei Jahren sowie zum Verlust der bürgerlichen Ehrenrechte auf drei Jahre verurteilt. Schon während der Untersuchungshaft machte sie ihrem Manne von ihrer Verfehlung Mitteilung und erklärte, daß sie die Zigaretten ihm habe schicken wollen. Er erwiderte ihr, daß er Mitleid mit ihr habe und sie wegen ihrer schwachen Stunde nicht verstoße oder verachte. Noch vor ihrer Verurteilung schrieb er ihr aber, er habe erfahren, daß sie sich während seiner Abwesenheit mit anderen Männern herumgetrieben habe, was auch die Ursache zu den Diebstählen gewesen sei; er werde nunmehr Ehescheidung beantragen. Nach seiner Entlassung aus dem Heeresdienst tat er das auch. Im ersten Rechtszug wurde die Klage abgewiesen; das Urteil wurde dem Kläger am 23. August 1941 zugestellt. Am 10. September 1941 bat er um das Armenrecht für die Berufung; dieses wurde ihm am 16. September 1941 bewilligt. Am 25. September 1941 wurde die Berufung eingelegt; am 17. November 1941 wurde um Wiedereinsetzung in den vorigen Stand gegen Versäumung der Berufungsfrist gebeten, weil der Anwalt des ersten Rechtszugs versehentlich auf dem ihm zugestellten Urteil als Tag der Zustellung den 26. August 1941 vermerkt habe. Das Berufungsgericht gab dem Gesuche statt, verwarf aber die Berufung als unbegründet. Das Reichsgericht schied die Ehe aus Schuld der Beklagten. Es trat dem Berufungsgericht hinsichtlich der Wiedereinsetzung im Ergebnis bei, nicht aber in der Begründung. Das Berufungsgericht hatte in dem Irrtum des Vertreters des Klägers im ersten Rechtszug ein für diesen unabwendbares Ereignis gefunden, das den Antrag auf Wiedereinsetzung rechtfertige. Das Gesetz bestimmt aber ausdrücklich, daß

eine Versäumung, die in einer Verschuldung eines Vertreters ihren Grund hat, als eine unverschuldete nicht angesehen werden kann. Bei der Beurteilung des Gesuches mußte jedoch davon ausgegangen werden, daß das rechtzeitig gestellte Armenrechtsgesuch des Klägers zu spät erledigt worden war. Der Beschluß über die Bewilligung des Armenrechts war zwar schon am 16. September 1941 gefaßt, dem Vertreter des Klägers im ersten Rechtszug und dem ihm für den zweiten Rechtszug beigeordneten Anwalt aber erst am 23. September, also am letzten Tage der Berufungsfrist, mitgeteilt worden; eine Zustellung hatte überhaupt nicht stattgefunden. Die sachlichen Voraussetzungen für die Wiedereinsetzung waren also gegeben. Gegen ihre Bewilligung bestanden allerdings förmliche Bedenken. Die Frist für das Gesuch um Wiedereinsetzung begann am 24. September 1941 zu laufen, war also am 17. November 1941 längst verstrichen. Daß der Fristbeginn wegen Unkenntnis von der Versäumung der Frist hinausgeschoben sei, konnte nicht angenommen werden, weil ein Verschulden der Prozeßbevollmächtigten des Klägers bei ihrem Irrtum über den Beginn der Berufungsfrist nicht ausgeschlossen war. Man konnte auch nicht sagen, daß in der Berufungsschrift zugleich der stillschweigend gestellte Antrag auf Wiedereinsetzung zu erblicken sei, da der die Berufung einlegende Anwalt offenbar annahm, daß die Frist noch laufe. Das Reichsgericht entschied aber, daß trotz des entgegenstehenden Wortlauts des § 236 ZPO. ein besonderer Antrag in bestimmter Form für die Wiedereinsetzung nicht notwendig sei. Die Berufung war innerhalb der Frist, die für das Gesuch um Wiedereinsetzung lief, eingelegt worden; die sachlichen Voraussetzungen für die Wiedereinsetzung waren schon damals aktenkundig, so daß sich eine Glaubhaftmachung erübrigte. Es fehlte also nur die Bitte, die Berufung trotz der Verspätung als rechtzeitig anzunehmen; der Mangel bestand, da der Berufungskläger selbstverständlich eine fristwahrende Berufung einlegen wollte, nur in dem Fehlen eines Hinweises auf den schon eingetretenen Fristablauf. Daran konnte aber die Wiedereinsetzung nicht scheitern. In der Sache selbst hatte das Berufungsgericht die Klage mit der Begründung abgewiesen, daß ein Nachweis für ehewidrige Beziehungen

der Beklagten zu anderen Männern nicht erbracht worden sei. Das Reichsgericht erklärte aber die Klage schon wegen des von der Beklagten begangenen Verbrechens, durch das sie sich eine schwere Bestrafung zugezogen hatte, für begründet. Das Verbrechen war eine schwere Eheverfehlung und zugleich ein ehrloses Verhalten. Nach der Erfahrung des Lebens wird durch ein solches Verbrechen die Ehe so tief zerrüttet, daß die Wiederherstellung einer ihrem Wesen entsprechenden Lebensgemeinschaft nicht erwartet werden kann. Allerdings war dem Briefe des Klägers auf die Mitteilung der Beklagten von ihren Verfehlungen zu entnehmen, daß er damals ihre Taten nicht als so zerrüttend empfand, daß er nicht darüber hätte hinwegkommen können. Das Berufungsgericht hatte daraus gefolgert, daß das Scheidungsrecht des Klägers aus diesem Grunde durch Verzeihung entfallen sei. Dieser Auffassung trat das Reichsgericht nicht bei. Es konnte allerdings unterstellt werden, daß der Kläger, als er der Beklagten seine versöhnliche Gesinnung bekundete, nicht nur mit einer schweren Bestrafung, sondern auch mit der Möglichkeit einer längeren Zuchthausstrafe rechnete; daraus folgte aber keineswegs, daß er die volle Tragweite des von der Beklagten begangenen Verbrechens für das weitere Eheleben erfaßte, als er den Willen bekundete, mit der Beklagten die Ehe fortzusetzen. Die Fähigkeit, eine Verfehlung in ihren Folgen für die zukünftige Gestaltung des Ehelebens richtig zu würdigen, fehlt häufig, wenn der gekränkte Ehegatte sich in einem Zustande der Gemütserregung befindet und in diesem Zustand eine versöhnliche innere Einstellung zum Ausdruck bringt. Aus dem Briefe des Klägers war zu entnehmen, daß er sich bei dessen Abfassung in einer solchen Gemütserregung befunden hatte; zu einer ruhigen und vernünftigen Überlegung war er damals offensichtlich nicht fähig. Auch wenn er bei einem Besuch der Beklagten in der Haft ihr Mut zusprach und ein versöhnliches Verhalten zeigte, konnte darin eine für den Scheidungsanspruch bedeutsame Verzeihung nicht gefunden werden, ebensowenig in der Tatsache, daß er seine Absicht, die Ehescheidung zu beantragen, nicht alsbald nach seiner Entlassung aus dem Heeresdienst verwirklicht hatte.
(IV, 10. Juni 1942.) Amtl. Sammlg. S. 196—202.
Vgl. Bd. 131 S. 264; JW. 1928 S. 1489; 1935 S. 277.

36. Frachtvertrag. Kündigung. Fautfracht. (BGB. § 649; BinnSchG. §§ 34, 36, 38; Allgemeine Verfrachtungsbedingungen für die Stromgebiete der Elbe und Havel [AVB.] 17, 19, 21). Eine Aktiengesellschaft, die Bauten für die Kriegsmarine auszuführen hatte, schloß mit einer Binnenschiffahrtsreederei einen Vertrag, wonach diese den Transport von 1000 Kubikmeter Kies aus einem bestimmten Kieswerk zum Preise von 6.50 RM für den Kubikmeter übernahm. Am 1. Dezember 1939 wurden 156 Kubikmeter Kies verladen; dann gerieten die Bauarbeiten wegen Frost ins Stocken. Am 5. April 1940 wurden weitere 145 Kubikmeter Kies geliefert. Im Frühjahr 1940 schloß die Kriegsmarine mit einem Kieswerk einen Vertrag über die Lieferung von Kies an ihre Baustellen. Die Aktiengesellschaft teilte daraufhin der Reederei mit, der Kies, wie sie ihn bis dahin bezogen hatte, entspreche nicht den gestellten Anforderungen; sie sehe sich darum gezwungen, weitere Lieferungen und demgemäß auch weitere Transporte abzustoppen; Entschädigung lehne sie ab, da die Reederei für ihren Kahnraum Verwendung finden werde. Die Reederei verlangte als Fautfracht die Hälfte der bedungenen Fracht. In allen Rechtszügen drang die Klage durch. Maßgebend waren die Allgemeinen Verfrachtungsbedingungen für die Stromgebiete der Elbe und Havel. Nach diesen kann der Frachtführer, wenn der Absender, was ihm freisteht, vor Antritt der Reise vom Vertrag zurücktritt, die Hälfte der bedungenen Fracht als Entschädigung verlangen. Das Schreiben der beklagten Gesellschaft, das richtig als Kündigung des Vertrags anzusehen war, konnte als Rücktritt im Sinne dieser Bestimmungen behandelt werden. Zu prüfen war aber, ob sich nicht die Beklagte aus einem anderen rechtlichen Grunde von dem Vertrag löste, der einen Fautfrachtanspruch der Klägerin nicht nach sich zog. Der von der Beklagten im Kündigungsschreiben angegebene Grund, daß der Kies, dessen Transport durch den Vertrag gesichert werden sollte, den von der Marineverwaltung gestellten Anforderungen nicht entsprach, konnte für die Vertragsaufhebung nicht herangezogen werden, weil die Beklagte die Beschaffenheit des Kieses vor dem Abschluß des Frachtvertrags kannte, der Kies übrigens nach ihrem eigenen Vortrag mit einem Zusatz von Splitt für ihre Zwecke verwendbar war. Eine Vertragsbeendigung aus dem Gesichtspunkt, daß der Klägerin die Vertragserfüllung infolge eines von keinem Teil zu vertretenden Umstandes dauernd oder zeitweilig unmöglich geworden sei, war von der Beklagten zwar im ersten Rechtszug behauptet, aber nicht bewiesen und im zweiten Rechtszug nicht mehr geltend gemacht worden. Der weiter herangezogene Gesichtspunkt des Wegfalls der Geschäftsgrundlage schied schon deshalb aus, weil kein Sachverhalt behauptet worden war, der ihn zu stützen vermochte; daß beide Parteien als von einer Grundlage des Vertrags übereinstimmend davon ausgingen, die Beklagte werde während der Abwicklung des Vertrags keine günstigeren Kiesbezugsquellen finden, war in keiner Weise dargetan. Auf das Kündigungsrecht des § 649 BGB. konnte sich die Beklagte nicht berufen, weil die in den Allgemeinen Verfrachtungsbedingungen getroffene Sonderregelung diese allgemeine Bestimmung ausschloß. In Frage konnte nur kommen, ob nicht die Beklagte, ohne auf das Kündigungsrecht der Allgemeinen Verfrachtungsbedingungen zurückzugreifen, den Frachtvertrag als Dauerverhältnis aus wichtigem Grunde kündigen konnte, und ob ein solcher wichtiger Grund vorlag. Die Beklagte hatte das behauptet und zur Begründung sich darauf berufen, daß die Kriegsmarine im Frühjahr 1940 die Kiesversorgung ihrer Betriebe umgestellt und ihr dadurch die Möglichkeit eröffnet habe, besseren und billigeren Kies auf sichererem und näherem Wege zu beschaffen. Das Reichsgericht erklärte, dieser Ausführung nicht folgen zu können. In Anlehnung an einen aus den §§ 626, 723 BGB., §§ 92, 133 HGB. zu entnehmenden allgemeinen Rechtsgedanken hat die Rechtsprechung bei Rechtsverhältnissen von längerer Dauer, die stark in die Lebensbetätigung der Beteiligten eingreifen oder eine besondere gegenseitige Interessenverflechtung mit sich bringen und ein persönliches Zusammenarbeiten und gutes Einvernehmen, ein ungestörtes gegenseitiges Vertrauen der Beteiligten erfordern, die sofortige Kündigung aus wichtigem Grunde zugelassen, so bei gesellschaftsähnlichen Verträgen, vereinsrechtlichen Beziehungen, Sukzessiv-Lieferungsverhältnissen, auch bei langfristigen Miet- und Pachtverträgen. Der zwischen den Parteien geschlossene Vertrag stellte sich als einheitlicher, in allen Teilen auszuführender Frachtvertrag dar und konnte hienach als Sukzessivvertrag, wenn auch nicht als Sukzessiv-Lieferungsvertrag, angesehen werden. Der Vertrag griff aber weder stark in die Lebensbetätigung der Beteiligten ein, noch bedingte er eine gegenseitige Interessenverflechtung, die über das Maß dessen hinausging, was bei gewöhnlichen gegenseitigen Verträgen die Regel ist. Zudem war für eine umfassende, den Besonderheiten des Rechtsverhältnisses Rechnung tragende Möglichkeit zur außerordentlichen Lösung des Vertrags Sorge getragen, die neben die gewöhnlichen, auf Grund der allgemeinen Bestimmungen gegebenen Rechtsbehelfe für die Vertragsbeendigung trat. Für das von der Revision beanspruchte Kündigungsrecht aus wichtigem Grunde war hienach kein Raum mehr. In Frage konnte nur kommen, ob die besonderen Umstände des Falles den durch die Allgemeinen Verfrachtungsbedingungen festgelegten Anspruch auf Fautfracht ausschlossen oder eine Herabsetzung des begehrten Betrags rechtfertigten. Hiefür waren die Kriegswirtschafts- und Preisbindungsvorschriften zu beachten, die unter Umständen den Vorschriften des bürgerlichen Rechts vorgehen und eine Abänderung des Vertragsinhalts zur Folge haben konnten. Auch war zu prüfen, ob sich die Klägerin nicht unter den besonderen Umständen des Falles einer gegen Treu und Glauben verstoßenden unzulässigen Rechtsausübung schuldig machte, wenn sie den Fautfrachtanspruch überhaupt oder doch in voller Höhe erhob. Hiefür hätte die Beklagte beweisen müssen, daß die Klägerin durch die Kündigung keinerlei Nachteil gehabt habe. Diesen Beweis hatte sie nicht erbracht, auch nicht zu erbringen versucht; sie hatte im Gegenteil nicht einmal begründet bestritten, daß der Klägerin ein Schaden erwachsen sei. (I, 12. Juni 1942.)

Amtl. Sammlg. S. 203—213.

Vgl. Bd. 65 S. 37; Bd. 78 S. 385; Bd. 94 S. 234; Bd. 95 S. 166; Bd. 115 S. 358; Bd. 128 S. 15; Bd. 130 S. 278; Bd. 142 S. 212; Bd. 148 S. 326; Bd. 150 S. 193; Bd. 165 S. 393; Bd. 166 S. 89.

37. **Gastwirt. Haftung.** (BGB. §§ 276, 278.) Während einer Tanzmusik veranstaltete ein Zauberkünstler im Tanzsaal Aufführungen. Hiebei kam ein Trapez, das er zu den Ausführungen benutzte, zu Fall; Bierfilze, die dem

Trapez untergelegt gewesen waren, wurden weggeschleudert und blieben auf dem Boden des Tanzsaals liegen. Ein Teilnehmer der Tanzmusik kam darüber zu Fall und verletzte sich. Seine gegen die Erbin des Gastwirts, in dessen Hause die Tanzmusik stattgefunden hatte, erhobene Klage auf Schadenersatz wurde vom Berufungsgericht dem Grunde nach als gerechtfertigt anerkannt; das Reichsgericht wies sie ab. Rechtlich zutreffend hatte das Berufungsgericht angenommen, daß ein Gastwirt verpflichtet ist, dafür Sorge zu tragen, daß die Einrichtungen seiner Gaststätte die Gäste nicht in die Gefahr bringen, an Leben und Gesundheit Schaden zu erleiden; ebenso war es nicht zu beanstanden, wenn der Zauberkünstler für den ihm zur Ausführung seiner Darstellungen zur Verfügung gestellten Raum als Erfüllungsgehilfe des Gastwirts hinsichtlich dieser Verpflichtung angesehen wurde. Das Berufungsgericht hatte ein Verschulden des Zauberkünstlers darin erblickt, daß dieser nach dem Umfallen des Trapezes nicht für dessen ordnungsmäßige Wiederaufrichtung unter Wiederanbringung der untergelegten Bierfilze gesorgt, jedenfalls aber unterlassen habe, die freigewordenen Bierfilze von der als Vorführungsraum dienenden glatten Tanzfläche alsbald zu entfernen. Damit hatte das Berufungsgericht die im Rahmen der verkehrsüblichen Sorgfalt zu stellenden Anforderungen überspannt. Es hatte sich nur um eine geringe Zahl von Bierfilzen gehandelt, so daß ihr Erscheinen auf der Tanzfläche der Aufmerksamkeit des Zauberkünstlers leicht entgangen sein konnte; dieser durfte auch damit rechnen, daß die Gäste beim Überschreiten der glatten und daher ohnehin mit Vorsicht zu begehenden Tanzfläche auf etwa dort liegende Bierfilze achten würden. Ein die Haftung der Beklagten begründendes Verschulden des Zauberkünstlers war bei dieser Sachlage zu verneinen; ein solches des Gastwirts selbst war nicht behauptet worden. Gegen die Klage sprach aber noch eine weitere Erwägung. Wenn ein Gast sich freiwillig an einer in der Gaststätte stattfindenden Vorführung beteiligt, übernimmt er damit in aller Regel im Verhältnis zum Gaststätteninhaber die damit verbundene, ihm bekannte oder erkennbare Gefahr. Im gegebenen Falle mußte der Kläger sich darüber klar sein, daß mit der Vorführung des Zauberkünstlers, bei der

Bierfilze zur Verwendung kamen, die Gefahr des Ausgleitens und Hinfallens verbunden war. Diese Gefahr hatte er im Rahmen des Gastaufnahmevertrags auf sich genommen. (VII, 19. Juni 1942.)

Amtl. Sammlg. S. 243—246.

38. **Abstammungsklage.** (ZPO. § 640.) In dem Unterhaltsstreit eines unehelichen Kindes wurde der Beklagte verurteilt, da er zugab, mit der Kindsmutter während der Empfängniszeit geschlechtlich verkehrt zu haben, den von ihm behaupteten Mehrverkehr der Kindsmutter aber nicht nachweisen konnte. Zwei Zeugen, die in diesem Rechtsstreit auf Eid jeden Geschlechtsverkehr mit der Kindsmutter bestritten hatten, wurden wegen Meineid, die Kindsmutter selbst wegen Anstiftung zum Meineid verurteilt; der Verkehr der Zeugen mit der Kindsmutter fiel aber nicht in die Empfängniszeit. Der zur Unterhaltsleistung verurteilte Beklagte erhob nun Klage auf Feststellung, daß er nicht der Erzeuger des Kindes sei. Das Berufungsgericht gab der Klage statt. Das Reichsgericht wies sie ab. Die Kindsmutter hatte in diesem Rechtsstreit die Aussage verweigert; das Berufungsgericht hatte auch ihre frühere Aussage, daß sie während der Empfängniszeit nur mit dem Kläger verkehrt habe, für unglaubwürdig erachtet. Die Blutgruppenuntersuchung war ergebnislos geblieben. Das erbbiologische Gutachten war zu dem Schluß gelangt, daß der Kläger mit hoher Wahrscheinlichkeit nicht der Erzeuger des Beklagten sei; solange weitere Beischläfer nicht bekannt seien, könne seine Vaterschaft aber nicht mit aller Sicherheit ausgeschlossen werden. Diese hohe Wahrscheinlichkeit eines Ausschlusses der Vaterschaft des Klägers hatte das Berufungsgericht für ausreichend erachtet, um die verlangte Feststellung zu treffen. Das Reichsgericht erklärte das für rechtsirrig. In dem Gutachten war ausdrücklich gesagt, daß große und selbst größte Unähnlichkeit auch bei Vater und Kind vorkommen können. Das Gutachten war also nicht bestimmt genug, um für sich allein die Überzeugung zu begründen, daß der Kläger nicht Vater des Beklagten sei. Daß der Kläger mit der Kindsmutter während der Empfängniszeit verkehrt hatte, stand fest. Bei der Anstiftung der Zeugen zum Meineid hatte es sich für die Kindsmutter nicht darum gehandelt, die Klage des Kindes zu unterstützen, sondern darum,

daß sie durch die Aufdeckung ihres mehrfachen Geschlechtsverkehrs nicht in schlechten Ruf kommen wollte. Es lagen kleine ländliche Verhältnisse vor, in denen die Beteiligten im allgemeinen gut Bescheid wissen, wer für einen Verkehr in Frage kommt. Wenn sich trotzdem in dieser Hinsicht nichts Greifbares ergab, mußte ein Mehrverkehr immerhin zweifelhaft erscheinen. (IV, 20. Juni 1942.)

Amtl. Sammlg. S. 216—218.

39. **Abstammungsklage. Blutprobe.** (ÖstABGB. §§158, 163; FamRÄndG. Art. 3 § 9.) Eine deutschblütige Frau war seit 1912 mit einem Juden verheiratet. Im Jahr 1919 gebar sie ein Mädchen. Im Jahr 1938 wurde die Ehe aus Verschulden des Ehemannes geschieden; dieser nahm seinen Wohnsitz im Altreich, während die Frau in der Ostmark wohnen blieb. Die Tochter klagte auf Feststellung, daß sie nicht von dem früheren Ehemann ihrer Mutter, sondern von einem deutschblütigen Manne abstamme, mit dem ihre Mutter im Jahr 1919 geschlechtlich verkehrt habe. Die Mutter bestätigte als Zeugin diesen Verkehr; der dafür in Betracht kommende Mann war in der Zwischenzeit gestorben. Der Ehemann der Mutter lehnte ab, sich einer erbbiologischen Untersuchung und einer Blutgruppenprüfung zu unterziehen, da er mit der Sache nichts mehr zu tun haben wolle. In zwei Rechtszügen wurde die Klage abgewiesen. Das Reichsgericht verwies die Sache zurück. Die Klage auf bejahende oder verneinende Feststellung der blutmäßigen Abstammung gehört als Standesklage zu den Klagen, bei denen das Gericht in ganz besonderem Maß auf die Ermittlung der Wahrheit hinzuwirken hat. Die Klage ist im Gebiet des österreichischen Rechts gegen den Kurator zur Verteidigung der blutmäßigen Abstammung zu richten, der durch seine amtliche Stellung verpflichtet ist, an der Feststellung der Wahrheit mitzuwirken; die Aufnahme von Beweisen ist nicht durch Anträge der Parteien beschränkt. Das Gericht hatte also auch ohne Parteiantrag über die gesetzmäßige Durchführung des Sachverständigenbeweises zu wachen. Das war nicht geschehen. Da der als Zeuge benannte gesetzliche Vater der Klägerin seinen Wohnsitz im Altreich hatte, war er verpflichtet, sich den vom Gericht angeordneten erb- und rassenkundlichen Untersuchungen zu unterwerfen und insbesondere die Entnahme von Blutproben zum

Zwecke der Blutgruppenuntersuchung zu dulden; bei Weigerung ohne triftigen Grund konnte unmittelbarer Zwang angeordnet werden. Daß diese Bestimmung in den Reichsgauen des Landes Österreich bisher nicht eingeführt worden ist, war ohne Bedeutung; die einem Zeugen im Altreich auferlegte Verpflichtung ist nicht auf Fälle beschränkt, in denen das erkennende Gericht im Altreich liegt. Die Nichtbeachtung dieser Bestimmung hatte zur Folge, daß der Sachverständigenbeweis mangelhaft blieb. In dieser Hinsicht war eine Ergänzung geboten. Führte die Blutgruppenuntersuchung zum Ausschluß der Vaterschaft des früheren Ehemannes der Mutter der Klägerin, so reichte das zur Rechtfertigung des Klagebegehrens, soweit es auf die verneinende Feststellung der blutmäßigen Abstammung der Klägerin von diesem abzielte. (VIII, 24. Juni 1942.)

Amtl. Sammlg. S. 219—222.

Vgl. Bd. 163 S. 401; Bd. 167 S. 402.

40. Abstammungsklage. Blutprobe. (ZPO. §§ 640 ff.; FamRÄndG. Art. 3 § 9.) In einem Unterhaltsrechtsstreit bekundete die Kindsmutter eidlich, daß sie während der Empfängniszeit nur mit dem Beklagten geschlechtlich verkehrt habe; dieser wurde demgemäß verurteilt. Er erhob Klage auf Feststellung, daß er nicht der Vater des Kindes sei, und begründete sie damit, daß er mit der Kindsmutter in einer die Befruchtung ausschließenden Weise verkehrt habe, daß das Kind ihm auch auffällig unähnlich sei. In zwei Rechtszügen wurde die Klage abgewiesen. Das Reichsgericht verwies die Sache zurück. Die vom Kläger beantragte Vornahme einer Blutprobe und die Einholung eines erbbiologischen Gutachtens hatten die Untergerichte mit der Begründung abgelehnt, daß es sich um einen unzulässigen Ausforschungsbeweis handle. Das erklärte das Reichsgericht für unzulässig. Es kommt darauf an, ob die beantragte Beweiserhebung zur Ermittlung der Wahrheit dienlich sein kann. Das kann auch dann der Fall sein, wenn nach dem sonstigen Beweisergebnis kein Anhalt für einen Mehrverkehr der Kindsmutter vorliegt. Die Blutprobe bereitet keine Schwierigkeiten und kann ein völlig klares Ergebnis im Sinn einer Ausschließung des Klägers von der Vaterschaft bringen, dem gegenüber auch die entgegenstehende eidliche Bekundung der Kindsmutter bedeutungslos wäre. Bei der Bedeutung, welche die Klärung der Abstammungsfrage nach heutiger Auffassung hat, darf das Gericht auf diese Aufklärungsmöglichkeit nicht verzichten. Ohne Erfolg berief sich das beklagte Kind darauf, daß sein gesetzlicher Vertreter die Blutentnahme deshalb verweigere, weil ein ungünstiges Ergebnis der Kindsmutter eine strafrechtliche Verfolgung wegen Verletzung der Eidespflicht zuziehen könne. Die Pflicht zur Duldung der Entnahme einer Blutprobe beruht auf der volkspolitischen Bedeutung einer Klärung der Abstammungsverhältnisse; dem gegenüber haben persönliche Belange der Beteiligten zurückzutreten. Mangels einer besonderen, dem Zeugnisverweigerungsrecht entsprechenden Vorschrift bildet die Gefahr strafrechtlicher Verfolgung keinen triftigen Grund für eine Weigerung der Entnahme einer Blutprobe zum Zweck der Blutgruppenuntersuchung. Wäre es anders, so würde die Vorschrift in vielen Fällen ihren Zweck verfehlen. Mit Recht war dagegen die Erholung eines erbbiologischen Gutachtens abgelehnt worden. Schon wegen der Schwierigkeiten, welche die Einholung eines solchen Gutachtens bei der Überlastung der in Betracht kommenden ärztlichen Institute macht, läßt sich eine solche nicht rechtfertigen, wenn für einen Mehrverkehr der Kindsmutter kein Anhalt besteht. Wenn es sich nicht darum handelt, mehrere als Erzeuger in Betracht kommende Männer auf ihre Ähnlichkeit mit dem Kinde zu vergleichen, sondern nur ein einziger Mann für die Untersuchung zur Verfügung steht, sind auch die Aussichten auf ein einigermaßen sicheres Ergebnis des Gutachtens sehr gering. Der Oberreichsanwalt hatte beantragt, die Klage als mutwillig mangels eines Rechtsschutzbedürfnisses abzuweisen. Hiezu erklärte das Reichsgericht, daß die Klage nicht schon deshalb als mutwillig bezeichnet werden könne, weil der Kläger nicht in der Lage war, für seine Behauptung, nicht der Vater des Beklagten zu sein, bestimmte Beweise anzutreten. Die Partei wird in den meisten Fällen gar nicht in der Lage sein, von sich aus die Abstammungsfrage zu klären. Nur dann, wenn der Kläger auf Grund einigermaßen sicherer Feststellungen davon überzeugt sein muß, der Vater des Kindes zu sein, kann eine verneinende Feststellungsklage als mutwillig bezeichnet werden. Auf die

Behauptung des Klägers, in einer die Befruchtung ausschließenden Weise mit der Kindsmutter verkehrt zu haben, ging das Gericht nicht ein. (IV, 24. Juni 1942.)

Amtl. Sammlg. S. 223—226.

Vgl. Bd. 165 S. 186.

41. Kohlenhandel. Preisnachlaß. Preisbildung. (PrStopVO. §§ 1, 3; PrBildG. §§ 2, 6.) Eine Einkaufsgenossenschaft schloß im Jahr 1939 mit einer Kohlenhandelsgesellschaft einen Vertrag über die Lieferung von 40000 Tonnen Braunkohlenbriketts ab; danach sollte ihr der vom Syndikat jeweils festgesetzte Rabatt für die zweite Hand gewährt werden. Nachdem 15000 Tonnen geliefert und ohne Abzug bezahlt worden waren, klagte die Genossenschaft auf Herauszahlung eines Preisnachlasses von rund 14000 *RM*. Die Klage hatte keinen Erfolg. Das ganze Geschäft war nach den Eingangsworten des Bestätigungsschreibens der beklagten Gesellschaft auf Grund der jeweils gültigen Preise und Bedingungen des Ostelbischen Braunkohlensyndikats getätigt worden; mit Recht hatte das Berufungsgericht daraus gefolgert, daß die Klägerin den Preisnachlaß nur erhalten sollte, wenn sie vom Syndikat als Händler der zweiten Hand anerkannt würde. Diese Anerkennung war der Klägerin für die Zeit vor dem 1. April 1940 nicht bewilligt worden. Nach dem Bestätigungsschreiben konnte also die Klägerin einen Preisnachlaß nicht beanspruchen. Sie hatte behauptet, daß ihr durch eine besondere Abrede der sog. schwarze Rabatt zugesichert worden sei. Der Reichskommissar für Preisbildung hat aber auf Grund des § 3 PrStopVO. genehmigt, daß Preisnachlässe, die bisher im Kohlenhandel über ein bestimmtes Maß hinaus eingeräumt worden waren, auf die für zulässig erklärte Höhe zurückgeführt werden dürften. Die Anordnung erwähnt zwar nur die Händler erster und zweiter Hand, ist aber auf alle Händler anzuwenden; sie will die Rabattgewährung im Handel mit Braunkohlenbriketts endgültig regeln und feste Preisverhältnisse schaffen. Durch § 2 PrBildG. ist der Reichskommissar ermächtigt, die zur Sicherung volkswirtschaftlich gerechtfertigter Preise und Entgelte erforderlichen Maßnahmen zu treffen, also die Preise nicht nur zu ermäßigen, sondern auch zu erhöhen. Die auf Grund dieser Ermächtigung ergehenden Anordnungen sind für die Gerichte bindend. (II, 25. Juni 1942.)

Amtl. Sammlg. S. 227—231.

42. **Kartellquote. Gemeinschaft. Schiedsspruch.** (BGB. §§ 741 ff.; ZPO. § 1025.) Zwei Werke, in denen Salzsäure hergestellt wurde, befanden sich im Besitz einer Gesellschaft mit beschränkter Haftung. Diese geriet im Jahr 1931 in Konkurs; die beiden Werke kamen demzufolge in verschiedene Hände. Sie gehörten einem Kartell als Mitglieder an. Als im Jahr 1924 die Beteiligungsziffern der Mitglieder des Kartells am Gesamtumsatz festgesetzt wurden, entfielen auf die beiden Werke zusammen 5,6%; später wurde die Quote auf 4,6% herabgesetzt. Dabei blieb es auch, als die beiden Werke getrennt wurden. Im Jahr 1938 trafen die Eigentümer der Werke eine Vereinbarung, wonach die Quote einstweilen im Verhältnis von 50:50 geteilt werden sollte; durch eine Entscheidung des ordentlichen Gerichts sollte eine Prüfung und unter Umständen eine neue Festsetzung vorgenommen werden. Die mit dem Antrag hierauf erhobene Klage wurde im ersten Rechtszug abgewiesen, weil das Gericht sich zur Fällung eines Schiedsspruchs nicht für befugt erachtete. Das Berufungsgericht verteilte die Quote im Verhältnis von 64,8:35,2. Die Revision der beklagten Partei hatte keinen Erfolg. Eine endgültige Vereinbarung der Parteien über die Verteilung der Quote war nicht zustande gekommen. Danach war davon auszugehen, daß den Parteien eine gemeinsame Beteiligungsquote von 4,6% zustand. Diese Ziffer war der Berechnungsmaßstab für gewisse gesellschaftsvertragliche, anteilig zu bemessende Rechte und Pflichten der Parteien als Mitglieder des Kartells. In vieler Beziehung werden die Kartellquoten den Rechten gleichbehandelt und gleich solchen verkauft, übertragen, geteilt, wenn sie auch stets von der Mitgliedschaft im Kartell abhängig sind. Im vorliegenden Falle handelte es sich um die Teilung einer den Inhabern zweier Werke gemeinsam zustehenden Quote. Auf eine solche Quote sind die Grundsätze über die Gemeinschaft nach Bruchteilen anzuwenden, sofern sich nicht aus der Art der Gemeinschaft (z. B. eines Gesellschaftsverhältnisses) etwas anderes ergibt. Hienach hatte das Berufungsurteil, entsprechend dem Klagantrag, nichts weiter zum Gegen-

stand als die Feststellung der ideellen Anteile (Bruchteile) der Parteien an der gemeinsamen Quote, ohne daß durch diese Feststellung die Gemeinschaft aufgehoben oder eine Auseinandersetzung herbeigeführt wurde; eine Rechtsänderung wurde dadurch nicht bewirkt. Die beklagte Partei hatte die Zulässigkeit der Berufung gegen das Urteil des Landgerichts bestritten, weil nach der Vereinbarung zwischen den Parteien die Entscheidung des Landgerichts als Schiedsspruch anzusehen sei. Dagegen sprach aber schon die Wendung, daß die Festsetzung der Quotenanteile durch das ordentliche Gericht erfolgen solle, da die Fällung eines Schiedsspruchs nicht zu den Aufgaben des ordentlichen Gerichts gehört. In Betracht gekommen wäre nur der Erlaß eines Schiedsurteils nach der Bekanntmachung zur Entlastung der Gerichte vom 13. Mai 1924; hiefür fehlte es aber an dem erforderlichen übereinstimmenden Antrag der Parteien. Die Klage war als eine gewöhnliche Feststellungsklage erhoben, und das Landgericht hatte zu Unrecht eine Prüfung der Frage, zu welchen Anteilen die Parteien an der gemeinsamen Quote beteiligt waren, abgelehnt. Hiegegen war die Berufung zulässig. Das Urteil des Berufungsgerichts schuf durch die Klärung der Rechtslage die Grundlage für die Aufhebung der Gemeinschaft und die Auseinandersetzung; diese blieben den Parteien vorbehalten. Die Quoten waren im Jahr 1924 auf Grund der Kapazitäten der Werke im Jahr 1921 festgesetzt worden; das Berufungsgericht hatte durch Zeugenvernehmungen und Sachverständigengutachten ermittelt, welche Kapazität jedes der beiden Werke im Jahr 1921 hatte, und hatte dann im gleichen Verhältnis die Beteiligung an der gemeinsamen Quote angenommen. Das Reichsgericht erklärte dieses Vorgehen für richtig. Die Vorschrift des § 742 BGB. besagt nur, daß in Ermangelung von Unterlagen für einen anderen Maßstab gleiche Teile anzunehmen sind. Stellt sich heraus, daß die Gleichstellung infolge besonderer, gegen sie sprechender Umstände der Sachlage nicht gerecht wird, so sind die diesen Umständen entsprechenden Teile zu ermitteln; es ist auch nicht schon deshalb auf die Gleichteilung zurückzukommen, weil die anderweitige genaue Feststellung der Teile auf Schwierigkeiten stößt und zu keinem zuverlässigen Ergebnis führt. In einem solchen Falle bleibt Raum für eine der Billigkeit entsprechende Teilung, wie sie das Berufungsgericht vorgenommen hatte. (II, 25. Juni 1942.) Amtl. Sammlg. S. 232—239.

43. Warenzeichen. Vorratwaren. Einmanngesellschaft. (WZG. §§ 2, 11, 15; Pariser Unionsvertrag Art. 6 Abs. 2 Nr. 3; VO. vom 9. November 1922 § 10.) Für einen Fabrikanten, der Wasch- und Bleichmittel herstellte, waren seit 1937 verschiedene Warenzeichen eingetragen, die neben anderen Wort- und Bildbestandteilen die Worte „Schwarz-Weiß" enthielten. Schon vorher war für einen Holländer das internationale Zeichen „Zwart op Wit" für verschiedene Waren, insbesondere für Seifen, Wasch-, Bleich- und Reinigungsmittel, Wachse, Firnisse, Lacke, eingetragen worden. Seit dem Jahr 1927 betrieb der Inhaber dieses Zeichens in Berlin eine Gemäldehandlung. Der Inhaber der erstgenannten Warenzeichen erhob gegen ihn Klage mit dem Antrag, ihn zu verurteilen, in die Entziehung des Schutzes für die genannten Waren im Gebiet des Deutschen Reiches einzuwilligen. Die Klage drang durch. Die Voraussetzungen, unter denen einer international eingetragenen Handelsmarke in einem Verbandsstaate der Schutz versagt oder entzogen werden darf, sind im Art. 6 Abs. 2 der Pariser Verbandsübereinkunft abschließend geregelt. Hienach ist die Versagung oder Entziehung zulässig, wenn die Marke gegen die öffentliche Ordnung verstößt; das ist nicht schon dann anzunehmen, wenn die Marke einer Vorschrift des Markenrechts nicht entspricht, es sei denn, daß diese Vorschrift selbst die öffentliche Ordnung betrifft. Darüber, ob eine Vorschrift die öffentliche Ordnung betrifft, entscheidet das nationale Recht. Das Reichsgericht hat schon entschieden, daß die Vorschrift des § 11 Abs. 1 Nr. 2 WZG. die öffentliche Ordnung betrifft. Demnach kann die Löschung eines Warenzeichens beantragt werden, wenn der Geschäftsbetrieb, zu dem das Warenzeichen gehört, vom Inhaber des Zeichens nicht mehr fortgeführt wird. Nach dem deutschen Warenzeichenrecht muß das Zeichen mit einem bestimmten Geschäftsbetrieb verbunden sein und kann ohne diesen nicht auf einen anderen übergehen; ein Warenzeichen, das wegen Aufgabe des Geschäftsbetrieb durch den eingetragenen Zeicheninhaber unzulässig geworden ist, beeinträchtigt die Allgemeinheit, so daß ein öffentliches

Interesse an der Beseitigung des unrechtmäßigen Zustandes besteht. Daß das Gesetz die Löschung solcher Warenzeichen als im öffentlichen Interesse liegend ansieht, wird dadurch deutlich, daß jedermann auf Löschung klagen kann, ohne ein besonderes Rechtsbedürfnis nachweisen zu müssen. An die Stelle der Löschung tritt bei international eingetragenen Marken die Entziehung des Schutzes im Gebiet des Deutschen Reiches. Aus § 2 WZG. ist weiter der Grundsatz abgeleitet worden, daß das Warenverzeichnis nur jene Waren enthalten soll, die in dem betreffenden Geschäftsbetriebe schon zur Zeit der Anmeldung geführt wurden oder deren Vertrieb innerhalb angemessener Zeit nach der Anmeldung aufgenommen werden sollte; gemäß § 15 WZG. beschränkt sich der Zeichenschutz auf Waren der angemeldeten Art. Daraus hat die Rechtsprechung gefolgert, daß die Löschungsklage aus § 11 Abs. 1 Nr. 2 WZG., und zwar als Teillöschungsklage, auch dann gegeben ist, wenn jemand sich ein Warenzeichen für Waren hat eintragen lassen, die in seinem Geschäftsbetriebe nicht geführt werden, obwohl seit der Eintragung schon eine für die Aufnahme des Vertriebs angemessene Zeit verstrichen ist. Der Grund hiefür liegt darin, daß die Inanspruchnahme des Warenzeichenschutzes für Waren, die im Geschäftsbetriebe weder geführt werden noch geführt werden sollen, sich als Mißbrauch der Eintragung zur Vereitelung fremder Rechte und der gesetzlichen Ordnung darstellt. Der Beklagte hatte sich darauf berufen, daß nach § 8 Abs. 2 der Verordnung vom 9. November 1922 über die internationale Registrierung von Fabrik- oder Handelsmarken die Gewährung des Schutzes nicht deshalb beanstandet werden soll, weil die Bezeichnung des Geschäftsbetriebes fehlt. Diese Bestimmung trägt dem Umstande Rechnung, daß eine Anzahl von Staaten die Angabe des Geschäftsbetriebes bei der Zeicheneintragung nicht verlangt, und soll verhindern, daß wegen dieser Abweichung vom deutschen Recht der Marke der Schutz im Gebiet des Deutschen Reiches überhaupt versagt wird. Sie hindert aber weder, einer internationalen Eintragung den Schutz im Gebiet des Deutschen Reiches zu entziehen, wenn es überhaupt an einem Geschäftsbetriebe fehlt, noch diesen Schutz auf bestimmte Waren zu beschränken, falls der bestehende Geschäftsbetrieb nur diese Waren zum Gegenstand hat, die internationale Regelung aber entweder überhaupt keine Waren angibt oder sich auf Waren erstreckt, die tatsächlich nicht vertrieben werden und auch nicht vertrieben werden werden sollen. Ob die Anwendung einer Vorschrift im Einzelfalle gegen die öffentliche Ordnung verstößt, ist nicht entscheidend; die Frage, ob die Vorschrift die öffentliche Ordnung berührt, läßt sich nur allgemein aus ihrem Zweck bestimmen. Der Beklagte hatte sich damit verteidigt, daß er sämtliche Geschäftsanteile einer Gesellschaft mit beschränkter Haftung erworben habe und unter der Firma dieser Gesellschaft Seifen und ähnliche Waren vertreibe. Das Berufungsgericht hatte diesem Einwande mit Recht keine Bedeutung beigemessen. Das Warenzeichen war für den Beklagten persönlich eingetragen; eine Gesellschaft mit beschränkter Haftung ist, auch wenn ihm alle Geschäftsanteile gehören, grundsätzlich eine von ihm verschiedene Rechtspersönlichkeit, die als solche keine Rechte aus der Eintragung für sich herleiten kann. In der Rechtsprechung ist die Einmanngesellschaft allerdings dem alleinigen Gesellschafter gleichgestellt worden, aber nur da, wo es gegen Treu und Glauben verstoßen und sich als Rechtsmißbrauch darstellen würde, wenn die Gesellschaft oder der alleinige Gesellschafter sich auf die Verschiedenheit berufen würden. Endlich hatte der Beklagte behauptet, daß in Gemäldehandlungen üblicherweise Firnisse, Lacke, Seifen und Reinigungsmittel vertrieben würden. Das Berufungsgericht hatte aber tatsächlich festgestellt, daß der Beklagte selbst in seiner Gemäldehandlung solche Waren nicht führte, daß es sich also insoweit um betriebsfremde Waren handelte. (II, 29. Juni 1942. Amtl. Sammlg. S. 240—249. Vgl. Bd. 60 S. 296; Bd. 101 S. 372; Bd. 104 S. 312; Bd. 108 S. 34; Bd. 114 S. 276; Bd. 118 S. 201; Bd. 126 S. 46; Bd. 129 S. 50; Bd. 130 S. 340; Bd. 146 S. 325; JW. 1928 S. 339.

44. **Geschäftsübertragung an die Ehefrau. Treuhandgeschäft. Rechnungslegung.** (BGB. §§ 242, 812, 817.) F. gründete im Jahr 1932 unter seinem Namen eine Fabrik. Im Jahr 1933 übertrug er das Geschäft mit der Firma auf seine Ehefrau. Der Übergang wurde in das Handelsregister eingetragen. Im Jahr 1935 trat N. als Teilhaber in das Geschäft ein; die Frau übernahm die Ge-

schäftsführung. Da sie zu N. in ehewidrige Beziehungen trat, wurde die Ehe geschieden. F. klagte gegen die Frau auf Rückübertragung des Geschäfts mit der Firma. In zwei Rechtszügen wurde die Klage abgewiesen. Das Reichsgericht verwies die Sache zurück. In der neuen Verhandlung verlangte der Kläger Auskunft über die Aktiven und Passiven des Geschäfts und über verschiedene Einzelheiten; er bezeichnete den Antrag als Vorbereitung für den Hauptantrag, dessen Fassung er sich vorbehalte. Das Berufungsgericht gab mit einem Teilurteil diesem Antrage statt. Die Revision der Beklagten hatte keinen Erfolg. Seinen früheren Antrag, die Beklagte zur Rückübertragung des Geschäfts auf ihn zu verurteilen, hatte der Kläger nicht zurückgenommen; er war also rechtshängig geblieben; das Berufungsgericht konnte den vor ihm gestellten Antrag als Teil einer Stufenklage behandeln und darüber durch Teilurteil entscheiden. Ohne Rechtsirrtum hatte das Berufungsgericht festgestellt, das Ziel des Überlassungsvertrags sei gewesen, das Geschäftsvermögen vor dem Zugriff der Gläubiger zu schützen um so die wirtschaftliche Grundlage der Familie sicher zu stellen. Dieses Ziel konnte mit diesem Mittel nur erreicht werden, solange die Ehe bestand; ihr Bestehen bildete also die Geschäftsgrundlage des Vertrags, die mit der Scheidung entfiel. Die hieraus sich ergebende Rechtsfolge war nach den Grundsätzen von Treu und Glauben festzustellen. Das Berufungsgericht hatte angenommen, daß der Kläger der Beklagten das Geschäft lassen müsse, aber dafür einen entsprechenden Geldbetrag verlangen könne. Das Reichsgericht trat dieser Auffassung bei. In seinem früheren Urteil hatte das Berufungsgericht den Standpunkt vertreten, daß aus der festgestellten Absicht des Klägers, seine Gläubiger zu benachteiligen, und deren Kenntnis auf seiten der Beklagten sich gemäß § 817 BGB. die Grundlosigkeit der Klage ergebe. Das Reichsgericht hatte demgegenüber darauf hingewiesen, daß gemäß dem übereinstimmenden Willen beider Parteien die Beklagte nur als Treuhänderin des Klägers Inhaberin des Handelsgeschäfts werden solle. Für den aus einem solchen Geschäft hergeleiteten Rückgewährungsanspruch, der ja auf vertraglicher Grundlage beruht, entfällt die Anwendung des § 817 BGB. ohne weiteres. Zu prüfen war hienach, ob das Treuhandverhältnis nach seinem vertraglichen Inhalt mit der Scheidung der Ehe als beendet anzusehen war oder ob die Geschäftsgrundlage für seine Fortdauer durch die Scheidung entfiel. In dem neuen Urteil erklärte das Reichsgericht, bei dem vom Berufungsgericht festgestellten Vertragszweck bedürfe es der Annahme eines Treuhandverhältnisses nicht. Zweifelhaft konnte nur sein, ob sich auch für einen Geldzahlungsanspruch die Rechnungslegungs- und Auskunftspflicht über den Zeitpunkt der Scheidungsrechtskraft hinaus erstrecken konnte. Das war zu bejahen. Grundsätzlich wäre das Geschäft zurückzuübertragen gewesen; nur aus den besonderen Umständen des Falls (die im Urteil, soweit es veröffentlicht ist, nicht dargelegt sind), konnte der Kläger, wenn er nicht arglistig handeln wollte, statt ihrer nur die Zahlung einer Geldsumme begehren. Für deren Bestimmung war es aber so anzusehen, als habe die Beklagte das Geschäft länger für sich geführt, als sie im Verhältnis zum Kläger habe tun dürfen, nämlich über die Scheidungsrechtskraft hinaus, so daß sich entsprechend den Grundsätzen über die Geschäftsführung ohne Auftrag für die ganze Zeit, während deren sie das Geschäft inne hatte, eine Pflicht zur Rechnungslegung ergab. Überdies erforderte die Anwendung des § 242 BGB., die überhaupt der Auseinandersetzung zugrunde zu legen war, die Feststellung aller erheblichen Umstände für die Bemessung des zu zahlenden Geldbetrags und dazu gehörte auch die Entwicklung, die das Geschäft von der Zeit an genommen hatte, da es grundsätzlich zurückzuübertragen gewesen wäre. (VII, 3. Juli 1942.)

Amtl. Sammlg. S. 249—254.

45. Testament. (TestG. § 21.) Nach dem Tod einer Ehefrau sandte das Finanzamt dem Witwer einen Fragebogen für die Regelung der Erbschaftssteuer. Dieser setzte in diesen die Erklärung ein: „Nach meinem Tode soll meine Pflegetochter Hertha A. Erbin sein." Nach dem Tode klagten zwei Schwestern des Erblassers gegen die Pflegetochter auf Feststellung, daß dieser kein Erbrecht zustehe. Das Berufungsgericht wies die Klage ab. Das Reichsgericht verwies die Sache zurück. Als Bestandteil einer vom Finanzamt zum Nachlaß der verstorbenen Ehefrau des Erblassers geforderten steuerlichen Erklärung war der Inhalt des Fragebogens an sich zur Vornahme von Rechtsgeschäften, insbesondere zu einer noch dazu den Nachlaß des Witwers betreffenden letztwilligen Verfügung, zweifellos nicht der geeignete und verkehrsübliche Ort; es hätte also auch bei äußerer Erfüllung der Testamentsform besonderer, von den Beklagten darzulegender Umstände bedurft, um die Annahme zu rechtfertigen, der Erblasser haben dessen ungeachtet seinen letzten Willen gerade auf diesem Wege aussprechen wollen. Eine Feststellung solcher Umstände ließ das angefochtene Urteil vermissen. Daß sich der Erblasser bei der Beantwortung des Fragebogens über sein Vermögen Gedanken machte und vielleicht auch die verbindliche Niederschrift dieser Gedanken ins Auge faßte, war noch kein Grund, zur Regelung seines Nachlasses eine für die Steuerbehörde bestimmte, den Nachlaß seiner Frau betreffende Auskunft zu verwenden. War diese Auslegung der Erklärung auch nicht rechtlich unmöglich, so mußte doch eine entsprechende Willensrichtung des Erblassers beweismäßig geklärt werden; von dieser Klärung war die Entscheidung abhängig. (VII, 17. Juli 1942.) Amtl. Sammlg. S. 254—256.

46. Seefracht. Konnossement. (HGB. §§ 527, 535, 635; BGB. §§ 670, 675, 683.) Ein deutscher Dampfer nahm im August 1939 in einem schwedischen Hafen Holz nach England an Bord. Nachdem er dort einen Teil der Ladung an den durch Vorlegung der Konnossemente ausgewiesenen Empfänger abgeliefert hatte, erhielt er von seiner Reederei die Weisung, den Hafen wegen der drohenden Kriegsgefahr unverzüglich zu verlassen. Er ging am 27. August 1939 in See und traf anfangs September in Hamburg ein. Dort gab die Reederei die Holzladung in eigenem Namen auf Lager. Der für den englischen Empfänger vom Amtsgericht Hamburg bestellte Abwesenheitspfleger forderte von der Reederei die Herausgabe des Holzes. Diese machte die Herausgabe von der Rückgabe der Konnossemente und Hinterlegung eines ihre gesamten Unkosten, insbesondere die Kosten der Fahrt von England nach Hamburg, deckenden Betrages abhängig. Die Verhandlungen zerschlugen sich. Im Mai 1940 ordnete der Reichsstatthalter in Hamburg die Herausgabe des Holzes an den Abwesenheitspfleger des englischen Empfängers an; Gegenvorstellungen der Reederei blieben erfolglos. Die Reederei klagte gegen den englischen Empfänger, vertreten durch den Abwesenheitspfleger, auf Zahlung der in Hamburg entstandenen Lagerkosten. In zwei Rechtszügen wurde die Klage abgewiesen. Das Reichsgericht verwies die Sache zurück. Für die Beurteilung der Rechtslage war deutsches Recht maßgebend. Allerdings gilt grundsätzlich für die Ansprüche und Verpflichtungen aus einem Konnossement das Recht des Bestimmungshafens; die Beteiligten können aber durch eine Klausel des Konnossements oder durch eine darin enthaltene Verweisung auf den Frachtvertrag die Sache einem anderen Recht unterwerfen. Eine solche Klausel oder Verweisung fand sich im Konnossement nicht. Gleichwohl erschien bei dem streitigen Anspruch auf Ersatz der in Hamburg entstandenen Lagerkosten, der nach dem Inhalt des Konnossements und des darin in Bezug genommenen Frachtvertrags zu beurteilen war, die Anwendung deutschen Rechts gerechtfertigt. Der durch seinen Abwesenheitspfleger vertretene Beklagte hatte die Güter in Hamburg von der Klägerin ausgeliefert erhalten, veräußert und den Erlös in Empfang genommen; die Klägerin hatte also ihrer Ablieferungspflicht aus dem Konnossement im Einverständnis mit dem Beklagten in Hamburg genügt. Dadurch war Hamburg als Löschungshafen an die Stelle des englischen Bestimmungshafens getreten. Hamburg war zugleich der Heimathafen des Dampfers. Der Anspruch auf Ersatz der dort nach endgültiger Trennung von Schiff und Ladung erwachsenen Lagerkosten hätte bei Auslieferung der Güter erfüllt werden müssen; jedenfalls gehörte er nicht zu den im englischen Bestimmungshafen zu erfüllenden Verbindlichkeiten aus den Konnossementen. Für die Entscheidung kam es auch wesentlich darauf an, ob der Kapitän des Dampfers angesichts der drohenden Gefahr des Krieges als gesetzlicher Vertreter der Reederei und der Ladungsbeteiligten zur Überführung des Dampfers in den Heimathafen berechtigt war. Alle diese Umstände wiesen auf deutsches Recht hin. Das Berufungsgericht hatte angenommen, daß die Reise mit der Ankunft des Schiffes im englischen Bestimmungshafen beendet gewesen sei. Das erklärte das Reichsgericht für rechtsirrig. Grundsätzlich bleibt auch im Bestimmungshafen der Schiffer gesetzlicher Vertreter der Ladungsbeteiligten, solange er die Ware nicht ausgeliefert hat.

Für das Verhalten des Schiffers beim Verlassen des Bestimmungshafens wegen drohender Gefahr eines Krieges gelten die Grundsätze, die allgemein zu beachten sind, wenn sich bei einem Widerstreit zwischen den Belangen des Reeders und der Ladungsbeteiligten die Frage ergibt, ob die dem Schiffer obliegende Fürsorge für Schiff und Ladung Maßregeln erforderlich macht. Er hat dann die in Gegensatz tretenden Belange gegeneinander abzuwägen, und zwar möglichst im Sinn eines Ausgleichs. Hiebei hat er nach vernünftigem Ermessen unter Anwendung der Sorgfalt eines ordentlichen Schiffers zu verfahren, ohne an Weisungen der Beteiligten gebunden zu sein. Stehen gleichwertige Belange auf dem Spiele, so hat der Schiffer jene des Reeders in erster Reihe wahrzunehmen, jedenfalls unverhältnismäßigen Schaden vom Reeder fernzuhalten. Unter den gegebenen Umständen war dem Schiffer, als ihn die Weisung der Reederei erreichte, nicht anzusinnen, mit der Löschung trotz der drohenden Kriegsgefahr fortzufahren, obwohl beim Ausbruch des Krieges dem Dampfer die Beschlagnahme und Einziehung drohte. Für die Beurteilung der Rechtslage war also davon auszugehen, daß die Heimkehr des Dampfers unvermeidlich geworden war, bevor die Verpflichtung aus dem Konnossement und dem Frachtvertrag durch vollständige Ablieferung der Holzladung im Bestimmungshafen erfüllt werden konnte. Hienach war die Ansicht des Berufungsgerichts nicht zu billigen, daß die Kosten der Einlagerung des Holzes in Hamburg mit dem Frachtvertrag nichts mehr zu tun hatten. Mit Rücksicht auf den Empfang der Güter in Hamburg konnte der Beklagte nicht mehr geltend machen, daß nach dem Inhalt der Konnossemente die Ablieferung im englischen Bestimmungshafen hätte geschehen müssen; an die Stelle des englischen Bestimmungshafens war Hamburg als Löschungshafen getreten. Ob die nach der Trennung von Schiff und Ladung entstandenen Lagerkosten der Klägerin oder dem Beklagten zur Last fielen, richtete sich in erster Reihe nach dem Inhalt der Konnossemente und den darin in Bezug genommenen Bestimmungen des Frachtvertrags. Unrichtig war die Auffassung des Berufungsgerichts, die Kosten müßten von der Klägerin getragen werden, weil sie notwendige Folge der den Belangen des Beklagten als Empfänger zuwiderlaufenden Überführung von Schiff und Ladung nach Hamburg seien. Das stand nicht im Einklang mit der Rechtslage, nach welcher der Schiffer auf Grund seiner gesetzlichen Stellung als Vertreter von Reeder und Ladungsbeteiligten nach pflichtmäßigem Ermessen zur Verbringung des Dampfers in den Heimathafen nicht nur berechtigt, sondern auch verpflichtet war. Nur bezüglich der Kosten der Schiffahrt bestimmt § 621 HGB., daß der Verfrachter sie als sogenannte kleine Haverei vorbehaltlich anderer Regelung durch den Frachtvertrag auch dann zu tragen hat, wenn sie durch Maßregeln verursacht worden sind, zu denen er auf Grund des Frachtvertrags nicht verpflichtet war; für sie bildet die Fracht das vertragsmäßige Entgelt. Lagerkosten fallen aber nicht hierunter. Eine entsprechende Anwendung des § 601 HGB. ging nicht an, weil der Beklagte sich nicht im Annahmeverzug befand, das Ablieferungshindernis auch nicht nur in seiner Person vorlag. Die Berechtigung der Klägerin, die Lagerkosten ersetzt zu verlangen, mußte aber bejaht werden, wenn von der Lage ausgegangen wurde, in der sich die Güter nach der Ankunft in Hamburg befanden. Der Beklagte, der sich durch Vorzeigung der Konnossemente im Bestimmungshafen als empfangsberechtigt ausgewiesen hatte, war in Hamburg ohne Vertretung; seine Benachrichtigung war infolge des Krieges untunlich. Anderseits lag auf der Hand, daß die Holzladung nicht auf unbestimmte Zeit im Schiffe verbleiben konnte. Die Klägerin durfte die im eigenen Namen bewirkte Lagerung unter den gegebenen Umständen als geboten und auch im richtig verstandenen Interesse der Beteiligten liegend ansehen. Ein dem Abschluß des Lagervertrags entgegenstehender Wille des Beklagten war nach § 679 BGB. unbeachtlich, wenn er mit den Zwecken der deutschen Kriegswirtschaft, insbesondere mit dem Freiwerden des Dampfers für andere kriegswichtige Aufgaben unvereinbar war. Der Abwesenheitspfleger hatte die Absicht verfolgt, das Holz durch Veräußerung der deutschen Kriegswirtschaft zuzuführen; sofern die Einlagerung dieser Absicht dienlich war, solange für den Beklagten kein Vertreter bestellt war, konnte der Pfleger nicht geltend machen, daß sie dem Willen des Beklagten widersprochen habe. Rechtsirrig war auch die Erwägung des Berufungsgerichts, die Klägerin könne die Lagerkosten deshalb nicht ersetzt verlangen, weil sie deren Erwachsen dadurch verschuldet habe, daß sie vom Beklagten zu Unrecht die Bezahlung der Fracht vom englischen Bestimmungshafen nach Hamburg verlangte. Zur Zeit des Abschlusses des Lagervertrags war ein solches Verlangen noch nicht gestellt; für die Zeit nach dem Herausgabeverlangen des Pflegers war zu beachten, daß die Klägerin das Holz nur gegen Rückgabe der Konnossemente herauszugeben brauchte, wozu der Pfleger nicht in der Lage war. Nachdem der Reichsstatthalter die Herausgabe angeordnet hatte, durfte die Klägerin auf ihrer Weigerung nicht mehr beharren; später entstandene Lagerkosten konnten nicht mehr berücksichtigt werden. (I, 29. Mai 1942.)

Amtl. Sammlg. S. 257—266.

Vgl. Bd. 9 S. 51; Bd. 14 S. 34; Bd. 15 S. 157; Bd. 20 S. 52; Bd. 34 S. 72; Bd. 56 S. 391; Bd. 71 S. 124; Bd. 74 S. 193; Bd. 89 S. 324; Bd. 98 S. 335; Bd. 122 S. 316; Bd. 141 S. 315.

47. **Steuerberater. Selbstanzeige. Begünstigung. Ursächlicher Zusammenhang.** (BGB. §§ 249, 254; RAbg.-O. § 410; StGB. § 257.) Ein Kaufmann, der Steuerhinterziehungen begangen hatte, beabsichtigte, Selbstanzeige zu erstatten, um sich dadurch Sraffreiheit zu sichern; er unterließ das aber, da ihm der Steuerberater, den er beigezogen hatte, davon abriet. Nachdem er zu einer Geldstrafe verurteilt worden war, klagte er gegen den Steuerberater auf Schadenersatz. In zwei Rechtszügen wurde die Klage abgewiesen. Das Reichsgericht verwies die Sache zurück. Die Klage war auf Vertragsverletzung und unerlaubte Handlung gestützt; der zweite Grund kam aber nicht in Frage. Der Beklagte hatte sich damit verteidigt, daß der Ersatz der dem Kläger auferlegten Geldstrafe eine Begünstigung im Sinne des § 257 StGB. darstelle. Das traf nicht zu. § 257 StGB. will die Vereitelung von Strafansprüchen des Staates verhüten. Die Vorschrift konnte schon deshalb nicht zur Anwendbung kommen, weil diesem Anspruch durch die Zahlung der Strafe schon Genüge geschehen war. Der Kläger verlangte auch nicht Zahlung der Strafe, sondern nur den Ausgleich vermögensrechtlicher Nachteile, die ihm infolge der unrichtigen Rechtsberatung durch die Geldstrafe und ihre Aufbringung entstanden waren. Das Berufungsgericht

hatte die Klage mit der Begründung abgewiesen, daß eine Strafe den Täter persönlich treffen müsse und daß sich daraus die Unmöglichkeit ergebe, diese höchstpersönliche Sühne im Wege des Rückgriffs gegen einen Dritten abzuwälzen. Ein Schadenersatzanspruch setze einen der Rechtsordnung nicht entsprechenden Zustand voraus; an einem solchen fehle es, da der Kläger mit Recht bestraft worden sei. Die Nachteile, die der Kläger durch die Aufbringung der Geldstrafe erlitten hatte, erklärte das Berufungsgericht für unmittelbare Folgen der Strafe; insoweit sei es gleichgültig, ob diese durch Versteigerung von Vermögensstücken vollstreckt worden sei oder ob der Kläger sich gezwungen gesehen habe, zur Aufbringung der Strafe Vermögensstücke mit Verlust zu veräußern. Das Reichsgericht erklärte, daß der Klageanspruch sich mit derartigen Erwägungen nicht abtun lasse. Hatte der Beklagte den Kläger durch einen schuldhaft fehlsamen Rechtsrat dazu gebracht, sich die vom Gesetz dargebotene Straffreiheit zu verscherzen, so war der Schaden des Klägers durch diese Vertragsverletzung ursächlich herbeigeführt worden. Allerdings war die Bestrafung des Klägers ohne sein Steuervergehen nicht denkbar; dieses war aber nur eine Vorbedingung für den Schaden und in den haftungsbegründenden ursächlichen Zusammenhang nicht einzubeziehen. Durch das Steuervergehen war, solange die Selbstanzeige noch möglich war, nur eine auf gesetzlichem Wege abwendbare Gefahr der Bestrafung geschaffen worden, während der Schaden erst durch den vom Beklagten schuldhaft und pflichtwidrig herbeigeführten Verlust dieser Vergünstigung eintrat. Demgemäß ließ sich auch nicht sagen, daß der Kläger die Wiederherstellung eines Zustandes verlange, welcher der Rechtsordnung widersprach; er wollte nur in jene Lage versetzt werden, die bei sorgfältiger und pflichtmäßiger Beratung für ihn bestehen würde. Die Erstattung der Selbstanzeige hätte sich daraus in der Zweckrichtung des § 410 RAbgO. bewegt; durch sie wäre keine der Rechtsordnung widersprechende Sachlage eingetreten. (III, 10. Juni 1942.) Amtl. Sammlg. S. 267—271.

48. **Abwässer. Gemeinüblichkeit. Rechtsweg.** (GVG. § 13; PrWassG. § 379.) Eine preußische Stadt leitete seit vielen Jahren die Abwässer der städtischen Kanalisation in die Weser. Im Jahr 1928 beantragte sie die

Eintragung von Rechten auf die Einleitung der Abwässer durch zwei Einlässe am linken Ufer und einen Einlaß am rechten Ufer. Das Deutsche Reich erhob dagegen Widerspruch, drang aber nicht durch. Da es trotzdem die Rechte der Stadt bestritt, klagte diese auf Feststellung. Das Berufungsgericht wies die Klage zum Teil ab. Die Revision der Klägerin führte zur Zurückverweisung der Sache. Der Rechtsweg war zulässig. Die Klägerin nahm ein Recht zur Benutzung des am Strome bestehenden Eigentums des Reiches und zu Eingriffen in dieses in Anspruch; es handelte sich also um eine bürgerliche Rechtsstreitigkeit. Gegenüber dem Bestreiten der Rechte bestand auch ein Interesse der Klägerin an der alsbaldigen Feststellung ihrer Rechte, zumal davon die Berücksichtigung bei der in Aussicht stehenden Kanalisierung der Weser abhing. Vor dem Erlaß des preußischen Wassergesetzes war in der Rechtsprechung höchster Gerichte der Rechtssatz anerkannt, daß der Eigentümer eines natürlichen Wasserlaufes sich Zuleitungen gefallen lassen müsse, die das Maß des Gemeinüblichen nicht überschritten; demnach war die Klägerin beim Inkrafttreten des Wassergesetzes berechtigt, in diesem Rahmen ihre Abwässer in den Strom einzuleiten. Solche Rechte blieben nach dem 1. Mai 1914 insoweit und solange aufrechterhalten, als rechtsmäßige, vor dem 1. Januar 1913 errichtete oder vorher begonnene Anlagen zu ihrer Ausübung vorhanden waren, jedoch mit der Einschränkung, daß eine über das Gemeinübliche hinausgehende Verunreinigung des Wassers unzulässig ist. Das Berufungsgericht hatte aus dem von ihm eingeholten Gutachten der Landesanstalt für Wasserhygiene entnommen, daß ein Teil der Entwässerungsanlagen der Stadt nicht mehr den Anforderungen genüge, die heute an die Wasserreinhaltung zu stellen sind; es hatte daraus die Folgerung gezogen, daß die ursprünglich für die Stadt aufrechterhaltenen Rechte zur Einleitung des Wassers durch diese Anlagen nachträglich untergegangen seien, weil die Verunreinigung des Wassers über das Gemeinübliche hinausgehe. Die Stadt vertrat dem gegenüber die Auffassung, daß es für die Rechtmäßigkeit der Anlage ausschließlich auf den Zustand vor dem Inkrafttreten des Wassergesetzes ankomme. Dieser Auffassung trat das Reichsgericht nicht bei. Grundsätzlich sind allerdings alle Anlagen als rechtmäßig anzusehen, die nach den bisherigen Gesetzen mit Recht hergestellt sind und bestanden haben; aber es sind doch Fälle denkbar, in denen eine ursprünglich rechtmäßige Anlage, auch wenn sie unverändert bleibt, nachträglich die Rechtmäßigkeit verliert, wie etwa, wenn eine für die Rechtmäßigkeit der Anlage nötige polizeiliche Genehmigung nachträglich widerrufen wird. Derartiges lag aber hier nicht vor. Die Anlagen waren beim Inkrafttreten des Wassergesetzes als mit Recht hergestellt und bestehend vorhanden; es hatte sich in der sie betreffenden Sach- und Rechtslage nichts geändert. Wenn ihre Reinigungswirkung den nach heutiger Auffassung zu stellenden Anforderungen nicht mehr genügte, bedeutete das nicht, daß die Anlagen als solche nicht mehr zu Recht bestanden. Unzulänglichkeit ist etwas anderes als Unrechtmäßigkeit. Mit Recht hatte aber das Berufungsgericht angenommen, daß die Klägerin die Zuführung an den hier in Betracht kommenden Stellen nicht vornehmen dürfe, weil dadurch eine Verunreinigung des Stromes herbeigeführt wurde, die über das zur Zeit geltende Maß des Gemeinüblichen hinausging. Für den Begriff des Gemeinüblichen konnte nicht die beim Inkrafttreten des Wassergesetzes herrschende Anschauung maßgebend sein, sondern die Auffassung, die zur Zeit der Beurteilung der Sache in den maßgebenden Kreisen galt. Die Notwendigkeit, den Begriff veränderlich nach den jeweils maßgebenden gesunden Anschauungen zu bestimmen, folgt aus dem Zweck der Gesetzesvorschrift, das wichtige Volksgut der Wasserläufe so sauber zu halten, wie es die Wasserhygiene nach dem jeweiligen Stande der Wissenschaft und der praktischen Erfordernisse für notwendig erachtet. Die Klägerin hatte gegen diesen Rechtsstandpunkt eingewendet, daß nicht ein Wandel der Auffassung der zu Wasserzuführungen berechtigten Kreise, sondern nur ein Wandel in der Auffassung einer amtlichen Stelle vorliege. Hievon war richtig, daß es für den Begriff des Gemeinüblichen nicht allein auf den Willen der für die Reinhaltung der Wasserläufe besorgten Behörden ankommt, sondern wesentlich auch auf die Anschauung und den Willen der beteiligten Bewohner. Aus dem Gutachten der Landesanstalt war aber zu entnehmen, daß im Laufe der Jahre in den an der Wasserwirtschaft Deutschlands beteiligten Kreisen, also gerade auch in den Kreisen der Stromanlieger und Interessenten immer mehr die Überzeugung von der Wichtigkeit des Wasserschutzes sowie von der Notwendigkeit vermehrter Reinhaltung der Gewässer und gründlicher Reinigung der Abwässer vor Einleitung in den Wasserlauf durchgedrungen ist, und zwar als allgemeine Meinung, nicht nur als behördliche Anforderung. Damit war der Begriff des Gemeinüblichen mit seinem jetzigen Inhalt gegeben. Die Feststellung, daß Einrichtungen der Klägerin veraltet und unzulänglich waren, reichte aber nicht zur Abweisung der Klage, soweit sie die Einleitung der Abwässer bei diesen Einrichtungen betraf; diese Abweisung würde bei Rechtskraft die Wirkung völliger Verneinung der von der Klägerin beanspruchten Einleitungsrechte haben und die Löschung der Rechte im Wasserbuch nach sich ziehen, so daß ein neues Recht nur durch Verleihung entstehen könnte. Das würde der Rechtslage nicht entsprechen. Das Recht der Klägerin auf Einleitung von Abwässern hatte beim Inkrafttreten des Wassergesetzes bestanden und war seitdem aufrechterhalten geblieben; auch die Eintragungsfrist war gewahrt. Nur mußte bei Ausübung des Rechts die Begrenzung eingehalten werden, daß keine über das gemeinübliche Maß hinausgehende Verunreinigung des Stromes stattfinden durfte. Damit war eine urteilsmäßige Verneinung eines noch bestehenden Rechts unvereinbar. Anderseits wäre die allgemeine Feststellung, daß die Klägerin ein Recht zur Einleitung der Abwässer an bestimmten Stellen habe, über das Begehren der Klägerin hinausgegangen, da dieses ausdrücklich auf Einleitung mit einer bestimmten Art der Reinigung abgestellt war. Auch der Beklagte brauchte sich nicht die Feststellung eines Rechts gefallen zu lassen, von dem feststand, daß die Voraussetzungen für seine Ausübung von der Klägerin noch nicht geschaffen waren. Der richtige Ausgleich zwischen den beiderseitigen Belangen und eine Gewähr dafür, daß das Notwendige geschehen werde, erschien dadurch möglich, daß zunächst ermittelt wurde, was die Klägerin tun mußte, um die nötige Reinigung der Abwässer zu erzielen, und daß alsdann durch Urteilsspruch festgestellt wurde, daß das Recht der Klägerin bestand und unter den näher zu bezeichnenden Voraussetzungen der Reinigung ausgeübt werden durfte. Der Klägerin war im Berufungsverfahren Gelegenheit zu geben, ihr Begehren der geänderten Sachlage anzupassen. (V, 6. Juli 1942.)

Amtl. Sammlg. S. 271—278.

Vgl. Bd. 16 S. 178; Bd. 21 S. 298; Bd. 38 S. 266; Bd. 64 S. 363; Bd. 89 S. 84.

49. **Ehescheidung. Ehezerrüttung.** (EheG. § 49.) Die Scheidungsklage der Frau war darauf gestützt, daß der Mann am Abend des Hochzeitstages eine andere Frau geküßt und einige Tage später eine andere Frau in Gegenwart seiner Frau belästigt, wiederholt geküßt und ihr unter die Röcke gegriffen habe. In zwei Rechtszügen wurde die Klage abgewiesen. Das Berufungsgericht hatte in dem Verfahren des Mannes eine schwere Eheverfehlung erblickt, gleichwohl aber eine tiefe Zerrüttung der Ehe verneint mit der Begründung, daß die Frau sich auf ihre Pflichten besinnen müsse, zumal der Mann sie alsbald eindringlich um Verzeihung gebeten habe und ihr aus mehr als zehnjährigen Beziehungen als ein Mann von wertvollem Charakter bekannt sei. Das Reichsgericht erklärte, diesen Erwägungen nicht folgen zu können. Ist einmal durch eine Eheverfehlung die eheliche Gesinnung des verletzten Ehegatten zerstört und damit auf seiner Seite die Ehe zerrüttet, so kann die Zerrüttung und ihre Unheilbarkeit nicht unter dem Gesichtspunkt verneint werden, daß es Pflicht des verletzten Ehegatten sei, trotz der ihm widerfahrenen Kränkung an der Ehe weiter festzuhalten. Bei der Frage, ob der Zustand der Ehezerrüttung vorliegt, muß der Gesichtspunkt der Pflicht ausscheiden. Darauf, ob ein weniger empfindsamer Ehegatte die Kränkung als nicht so schwer empfunden hätte und ob es unter den gegebenen besonderen Verhältnissen der ehelichen Pflicht mehr entsprochen hätte, an der Ehe festzuhalten, kommt es nicht an. Der Gesichtspunkt der Zumutbarkeit ist im § 49 EheG. ausgeschaltet, wie die von dem früheren § 1568 BGB. abweichende Fassung eindeutig ergibt. Der Prüfung, ob das Scheidungsbegehren sittlich gerechtfertigt ist, bedarf es nur dann, wenn auch der Scheidungskläger eine Verfehlung begangen hat. Dieser Fall lag nicht vor. (IV, 8. Juli 1942.)

Amtl. Sammlg. S. 278—281.

Vgl. Bd. 158 S. 199; Bd. 164 S. 152.

50. Zwischengebietliches Scheidungsrecht. (4. EheGD.-VO. § 8.) Eine deutsche Volkszugehörige des Protektorats klagte auf Scheidung. Das Reichsgericht erklärte, daß das deutsche Scheidungsrecht zur Anwendung zu kommen habe. Die frühere Auffassung, daß ausschließlich das Recht des Staates entscheidet, dem der Ehemann angehört, ist seit dem Inkrafttreten der 4. Durchführungsverordnung zum Ehegesetz vom 25. Oktober 1941 (1. November 1941) überholt. (IV, 4. Juli 1942.) Amtl. Sammlg. S. 281.
Vgl. Bd. 166 S. 215.

51. Ehelichkeitsanfechtung. Blutgruppenuntersuchung. Erbbiologisches Gutachten. (BGB. §§ 1591 ff.; ZPO. §§ 640 ff.) Eheleute, die sich getrennt hatten, verkehrten während der Zeit der Trennung einmal miteinander geschlechtlich. Als die Frau ein Kind gebar, focht der Mann die Ehelichkeit an. In zwei Rechtszügen wurde die Klage abgewiesen. Einen Beweis für einen Mehrverkehr der Frau während der Empfängniszeit hatte der Kläger nicht angeboten; die Frau hatte als Zeugin auf Eid einen solchen in Abrede gestellt. Zu der vom Kläger beantragten Blutgruppenuntersuchung und Einholung eines erbbiologischen Gutachtens hatte das Berufungsgericht keinen Anlaß für gegeben erachtet, weil der Kläger zur Stütze seines Verlangens nur darauf hatte hinweisen können, daß das Kind eine andere Haar- und Augenfarbe habe als er und seine Frau. Das Reichsgericht verwies die Sache zurück. Die Annahme, daß es sich bei dem Antrag des Klägers um einen unzulässigen Ausforschungsbeweis gehandelt habe, ging fehl. Auch wenn kein Anhalt für einen Mehrverkehr der Kindsmutter während der Empfängniszeit besteht, muß doch einem Antrag auf Anordnung der Blutgruppenuntersuchung stattgegeben werden, es sei denn, daß der Gedanke an einen Mehrverkehr so abwegig erscheint, daß es weiterer Beweisführung nicht bedarf. So lag aber hier der Fall nicht. Nachdem aus dem geschlechtlichen Verkehr der Eheleute in der Zeit ihres Zusammenlebens keine Kinder hervorgegangen waren, mußte es immerhin auffallen, daß das Kind aus einem Geschlechtsverkehr während der Trennungszeit stammen sollte, obwohl dieser nach der Behauptung des Klägers unter Umständen stattfand, die für eine Empfängnis ungünstig waren. Die Einholung eines erbbiologischen Gutachtens war mit Recht abgelehnt worden; ein solches ist nur einzuholen, wenn immerhin ein gewisser Anhalt für einen Mehrverkehr der Kindsmutter besteht. (IV, 8. Juli 1942.) Amtl. Sammlg. S. 282—284.

Vgl. Bd. 165 S. 307.

52. **Straßenverkehr. Rechtsfahren. Mitverschulden.** (ÖstABGB. §§ 1293, 1295; StrVerkO. §§ 8, 37.) Während einer Nachtfahrt stießen zwei Lastkraftwagen zusammen; beide Wagen sowie das Ladegut wurden beschädigt. Der eine, von J. gelenkte Wagen, war vorschriftsmäßig beleuchtet, fuhr aber zur Zeit des Unfalls etwa 40 cm links von der Straßenmitte, die durch einen weißen Streifen gekennzeichnet war. Der zweite, von D. gelenkte Wagen, fuhr auf der richtigen Straßenhälfte, etwa 30 cm von der Straßenmitte entfernt; sein linker Scheinwerfer und die Begrenzungslampen leuchteten nicht. Die Eigentümer beider Wagen klagten auf Schadenersatz. Die Untergerichte stellten die Ansprüche je zur Hälfte als dem Grunde nach berechtigt fest. Die Revision des Klägers (Eigentümer des von J. gelenkten Wagens) hatte keinen Erfolg, die des Beklagten (Eigentümer des von D. gelenkten Wagens) führte zu einer Abänderung des Urteils dahin, daß der Kläger zwei Drittel, der Beklagte ein Drittel des Schadens zu tragen hatte. Das Verfahren des J. war rechtswidrig, weil er zum Teil auf der linken Seite der Straße fuhr, obwohl er durch den weißen Teilungsstrich nachdrücklich auf die rechte Seite verwiesen war. Diese Fahrweise war die erste Ursache des Zusammenstoßes; ohne sie wäre bei einem Gleichbleiben der übrigen Umstände der Unfall nicht eingetreten. Der Kläger durfte sich nicht darüber beschweren, daß D. nicht ganz auf dem äußersten rechten Teile seiner Fahrbahn, sondern mehr der Mitte nach, fuhr. Die Straße hatte keinen Gehweg; deshalb durften Fußgänger jede Seite der Fahrbahn benutzen. D. mußte damit rechnen, daß auf dem Rande der Straßenseite, auf der er fuhr, Fußgänger sich bewegten; demzufolge konnte man von ihm nicht verlangen, daß er sich ganz rechts hielt. Es konnte also nicht beanstandet werden, daß er auf der nur 6,20 m breiten Fahrbahn 40 bis 50 cm von ihrem äußersten rechten Straßenrande und deshalb nur 20 bis 30 cm von der Fahrbahnmitte entfernt fuhr. Zum Verschulden

war ihm aber anzurechnen, daß er trotz Versagens seines linken Scheinwerfers fuhr; damit schuf er eine unklare Lage für entgegenkommende Straßenbenutzer und damit eine Quelle für Irrtümer. Dabei spielte es keine Rolle, ob Mondlicht war oder nicht, da die Beleuchtungsvorschriften auch bei Mondlicht einzuhalten sind. D. traf also ein Mitverschulden am Unfall. Im Gegensatz zu den Untergerichten war zu berücksichtigen, daß nicht die Art, wie D. die Fahrbahn benutzte, vorschriftswidrig war, sondern sein Fahren trotz Versagens des einen Scheinwerfers. Dem groben Verschulden des J. stand also nur ein fahrlässiges Verhalten des D. gegenüber. Die Abwägung des Verschuldens war eine Frage der rechtlichen Beurteilung und unterlag daher der Prüfung durch das Revisionsgericht. (VIII, 15. Juli 1942.)

Amtl. Sammlg. S. 284—288.

53. Patent. Gebrauchsmuster. (PatG. §§ 6, 7, 8, 47; GebrMG. § 5). Am 10. Mai 1933 wurde eine Erfindung zum Patent angemeldet; dieses wurde auch erteilt. Die gleiche Erfindung war schon am 28. Februar 1933 von anderer Seite zum Gebrauchsmusterschutz angemeldet und in die Gebrauchsmusterrolle eingetragen worden. Dieser Schutz erlosch mit dem 27. Februar 1936; der Inhaber des Schutzrechts nutzte aber die Erfindung weiter aus. Der Inhaber des Patents klagte gegen ihn auf Unterlassung, Rechnungslegung und Schadenersatz. In zwei Rechtszügen wurde die Klage abgewiesen. Das Reichsgericht verwies die Sache zurück. Wenn für eine Erfindung zunächst ein Gebrauchsmusterschutz und dann ein Patent erteilt worden ist, darf das Recht aus dem Patent nicht ohne die Erlaubnis des Inhabers des Gebrauchsmusters ausgeübt werden. Daraus folgt aber nicht, daß der Inhaber des älteren Gebrauchsmusters seinerseits ohne die Zustimmung des Patentinhabers den Gegenstand der Erfindung gewerbsmäßig herstellen, feilbieten, vertreiben und gebrauchen darf. Für den Fall zweier zu verschiedenen Zeiten angemeldeter Patente hat das Reichsgericht ausgesprochen, daß der Inhaber des älteren Patents den in diesem geschützten Gegenstand auch ohne die Erlaubnis des Inhabers des jüngeren Patents ausnutzen darf. Das muß auch beim Zusammentreffen eines früher angemeldeten Gebrauchsmusters mit einem später angemeldeten

Patent gelten, da gebrauchsmusterschutzfähig ebenfalls nur eine Erfindung ist (wenn auch an die Erfindungshöhe vielleicht geringere Anforderungen gestellt werden als bei einem Patent), und die Eintragung eines Gebrauchsmusters denselben Schutz gewährt, wie die Erteilung eines Patents. Damit ist aber die Frage noch nicht entschieden, ob und unter welchen Voraussetzungen und in welchem Umfang dem Inhaber des älteren Gebrauchsmusters ein Recht auf Ausnutzung der Erfindung auch nach dem Erlöschen seines Schutzrechts noch zusteht. Der Auffassung, daß diese Befugnis nur für die Dauer der Wirksamkeit des älteren Rechts bestehe und nach seinem Erlöschen gegenüber dem Inhaber des später angemeldeten Patents rechtswidrig werde, steht entgegen, daß das Gesetz dem, der vor der Anmeldung des Patents eine Erfindung gemacht und sie benutzt oder doch Veranstaltungen zu ihrer Benutzung getroffen hat, die Befugnis zur Weiterbenutzung gewährt; maßgebend hiefür ist, daß andernfalls erhebliche, in berechtigter Ausnutzung der Erfindung geschaffene wirtschaftliche Werte zerstört werden könnten und daß eine solche Zerstörung unbillig wäre. Dieser Rechtsgedanke muß dazu führen, dem Erfinder die Benutzungsbefugnis auch dann zu belassen, wenn er zwar die Erfindung vor der Anmeldung des Patents nicht benutzt und auch keine Veranstaltungen zu ihrer Benutzung getroffen, aber ein Schutzrecht dafür nachgesucht und erhalten hat, und dann im Vertrauen hierauf während des Bestehens des Schutzrechts mit der gewerblichen Benutzung oder wenigstens mit Veranstaltungen zu ihr begonnen hat. Es kann auch keinen Unterschied machen, ob er mit der Benutzung oder mit den Veranstaltungen dazu erst angefangen hat, nachdem er von der Patentanmeldung erfuhr, und ob er sein Schutzrecht während der gesetzlich zulässigen Höchstdauer aufrechterhalten hat oder es vorher hat verfallen lassen. Anders liegt die Sache, wenn der Inhaber des älteren Schutzrechts dieses Recht während seines Bestehens nicht ausgenutzt und auch keine Veranstaltungen zur Benutzung getroffen hat, sondern erst nach dem Erlöschen zur Benutzung übergehen will. Hier erfordert es die Billigkeit nicht, den Inhaber des jüngeren Patentrechts durch die Gewährung einer Benutzungsbefugnis an den Inhaber des älteren Rechts zu beschränken, da dieser noch keine wirtschaftlichen Werte geschaffen hat und deshalb bei ihm solche auch nicht zerstört werden können. Das gleiche muß gelten, wenn der Inhaber des älteren Schutzrechts vorher nur einfache Lizenzen erteilt hat; für die Zeit nach dem Erlöschen seines Schutzrechts erhält er ohnehin keine Entschädigung mehr von seinen Lizenznehmern. Die Frage, wie es zu halten wäre, wenn der Inhaber des Schutzrechts eine ausschließliche Lizenz erteilt hätte, ließ das Reichsgericht offen. Die Zurückverweisung erfolgte zum Zwecke tatsächlicher Feststellungen. (I, 17. Juli 1942.)

Amtl. Sammlg. S. 289—295.

Vgl. Bd. 133 S. 377; Bd. 150 S. 65; Bd. 159 S. 11.

54. **Offensichtlich unbegründete Berufung.** (3. Vereinf.-VO. vom 16. Mai 1942 § 6.) Gegen ein landgerichtliches Urteil, wodurch die Ehe der Parteien geschieden und die beklagte Ehefrau für alleinschuldig erklärt wurde, legte diese frist- und formgerecht Berufung ein und bat zugleich um die Bewilligung des Armenrechts; die Begründung wurde rechtzeitig nachgebracht. Das Berufungsgericht verwarf die Berufung als offensichtlich unbegründet und lehnte zugleich das Gesuch um Bewilligung des Armenrechts ab, ließ aber gegen die Verwerfung der Berufung die sofortige Beschwerde zu. Das Reichsgericht erkannte das Vorgehen des Berufungsgerichts als zulässig an. Grundsätzlich setzt allerdings ein solcher Verwerfungsbeschluß voraus, daß es sich um eine an sich statthafte und in der gesetzlichen Frist und Form eingelegte und rechtzeitig begründete Berufung handelt; mangelt es an einem dieser Erfordernisse, so ist die Berufung nicht als unbegründet, sondern als unzulässig zu verwerfen. Die bloße Möglichkeit aber, daß die im übrigen zulässige Berufung im weiteren Verlaufe des Verfahrens infolge fruchtlosen Ablaufs der Frist für den Nachweis der Einzahlung der Gebühr sich noch als unzulässig erweisen könne, braucht nicht in Betracht gezogen zu werden. Das Berufungsgericht brauchte also nicht zunächst über das Armenrechtsgesuch zu entscheiden und dann abzuwarten, wie die Berufungsklägerin sich weiter verhalten würde. (IV, 18. Juni 1942.) Amtl. Sammlg. S. 295--298.

55. **Unterbrechung des Verfahrens.** (ZPO. § 628; VO. vom 1. September 1939 Art. 1.) Gegen einen Sol-

daten war bei seiner Einstellung in das Heer ein Verfahren auf Ehescheidung anhängig. Gegen das für ihn ungünstige Urteil des ersten Rechtszugs legte er Berufung ein. Es wurde ihm eine Frist zum Nachweis der Zahlung der Prozeßgebühr gesetzt. Während diese Frist lief, kam an seine Frau die Nachricht, daß er gefallen sei. Der Anwalt der Frau teilte das dem Gericht mit; dieses gab darauf dem Anwalt des Beklagten Bescheid mit dem Beifügen, daß eine Weiterführung des Rechtsstreits wegen der Kosten nicht zu erwarten sei. Nachdem die Frist abgelaufen war, stellte sich heraus, daß die Nachricht vom Tode des Beklagten unrichtig war. Sein Anwalt beantragte darauf Aussetzung des Verfahrens und Wiedereinsetzung in den vorigen Stand gegen die Versäumung der Nachweisfrist. Das Berufungsgericht wies beide Anträge ab, ließ aber gegen die Abweisung des Wiedereinsetzungsantrags die Beschwerde zu. Das Reichsgericht entschied, daß es einer Wiedereinsetzung überhaupt nicht bedurfte. Das Verfahren wird unterbrochen, wenn der Prozeßbevollmächtigte eines Wehrmachtangehörigen dessen Vertretung niederlegt. Das muß auch gelten, wenn der Prozeßbevollmächtigte seine Tätigkeit für die Partei eingestellt hat, ohne daß ihm daraus der Vorwurf mangelnder Sorgfalt zu machen ist. Der durch den angefochtenen Beschluß zurückgewiesene Wiedereinsetzungsantrag war also gegenstandslos. Das Reichsgericht hob ihn auf, weil er sinngemäß die Grundlage für die Verwerfung der Berufung wegen Versäumung der Nachweisfrist bildete, während in Wirklichkeit die Frist nicht versäumt war. (IV, 18. Juli 1942.) Amtl. Sammlg. S. 298—300.

Vgl. Bd. 168 S. 396.

56. **Aktiengesellschaft. Gefolgschaft. Ruhegehalt.** (Arb.OrdnG. §§ 2, 3; BGB. § 242.) K. war acht Jahre lang Vorstandsmitglied einer Aktiengesellschaft gewesen, und zwar fünf Jahre allein, dann gemeinsam mit einem Stellvertreter. Nach seinem Ausscheiden klagte er auf Bewilligung eines Ruhegehalts. In seinem Anstellungsvertrag war ein solcher nicht vorgesehen; er berief sich aber darauf, daß die im Gesetz zur Ordnung der nationalen Arbeit vorgesehene Fürsorgepflicht gegenüber den Gefolgschaftsmitgliedern auch für die Mitglieder des Vor-

stands gelte und daß ihm durch den Vorsitzenden des Aufsichtsrats, der die Mehrheit der Aktien besitze, ein Ruhegehalt zugesichert worden sei. Die Klage wurde in allen Rechtszügen abgewiesen. Das Reichsarbeitsgericht hat aus § 2 AOG., der die Fürsorge des Betriebsführers gegenüber der Gefolgschaft regelt, die Folgerung gezogen, daß der Unternehmer bei einem innerhalb des Betriebs bestehenden Brauch auch ohne besondere Vereinbarung grundsätzlich zur Zahlung eines Ruhegehalts verpflichtet ist. Der Kläger gehörte aber als Vorstandsmitglied nicht zur Gefolgschaft der Beklagten, sondern war selbst Betriebsführer. Das schloß allerdings nicht aus, daß die Aktiengesellschaft auch ihm gegenüber eine gewisse Fürsorge- und Treupflicht hatte. Es war durchaus denkbar, aus einem Brauch, der sich in dieser Hinsicht herausgebildet hatte, auch Ansprüche von Vorstandsmitgliedern herzuleiten; insoweit stand nur eine besondere Anwendung des allgemeinen Grundsatzes von Treu und Glauben in Frage. Es war aber nicht gerechtfertigt, aus einem Brauch, der sich für die Ruhegehaltsgewährung gegenüber der Gefolgschaft herausgebildet hatte, ohne weiteres Folgerungen für die Vorstandsmitglieder zu ziehen. Die inneren Beziehungen der Vorstandsmitglieder zur Gesellschaft hat allein der Aufsichtsrat zu regeln; dieser kann auch nur an einen Brauch gebunden werden, der unmittelbar von ihm selbst ausgeht. Die Vorstandsmitglieder sind auch kraft ihrer sozialen Stellung in ganz anderem Maß als bloße Gefolgschaftsmitglieder in der Lage, die Bedingungen ihrer Anstellung im voraus vertraglich zu regeln und Ruhegehaltsansprüche für sich sicherzustellen. Der Kläger hatte nichts dargetan, woraus sich unter Anwendung der Grundsätze von Treu und Glauben ein Ruhegehaltsanspruch für ihn herleiten ließ. Insbesondere konnte es nicht darauf ankommen, ob der Vorsitzende des Aufrichtsrats ihm ein Ruhegehalt in Aussicht gestellt hatte. Zur Eingehung einer vertraglichen Verpflichtung gegenüber dem Kläger war der Vorsitzende des Aufrichtsrats nicht befugt; daß er sich auf einen Beschluß des Aufsichtsrats stützte, hatte der Kläger selbst nicht behauptet. Ohne Belang war auch, in welchem Umfang der Kläger für die beklagte Gesellschaft tätig war, und ob er sich für besondere Verdienste um sie erworben hatte; jedenfalls reichte das alles nicht aus, um seinen Anspruch zu begründen. (II, 18. Juli 1942).

Amtl. Sammlg. S. 300—304.

Vgl. RAG. Bd. 19 S. 286; Bd. 21 S. 329; Bd. 22 S. 137; Bd. 25 S. 343.

57. **Erbhof. Zuständigkeit.** (BGB. § 986; RErbhG. §§ 7, 10, 40; ErbhRVO. § 4; ErbhVVO. § 56.) Eine Frau übergab den ihr gehörigen Bauernhof gegen Bestellung eines Altenteils an ihren Sohn. Ausgenommen von der Übergabe wurde ein Acker in der Größe von 6 ha. Über diesen wurde bestimmt, daß der Übernehmer den Acker auf 20 Jahre zu einem Pachtpreis von 80 *RM* für das Hektar in Pacht zu nehmen habe; nach dem Tode der Eigentümerin sollte ihm der Acker ohne besonderes Entgelt gehören. Drei Jahre später wurde der Hof zum Erbhof erklärt. Wegen schlechter Haltung des Hofes wurde auf 18 Jahre Wirtschaftsführung durch einen Treuhänder angeordnet; dieser verpachtete den Hof und durch einen besonderen Vertrag auch den noch im Eigentum der Übergeberin stehenden Acker. Der Übernehmer wurde mit der Eigentümerin einig, daß der von ihm abgeschlossene Pachtvertrag aufgehoben werde. Die Eigentümerin klagte gegen den Pächter auf Herausgabe ihres Ackers. Das Landgericht gab der Klage statt. Das Berufungsgericht setzte das Verfahren aus, um eine Entscheidung des Anerbengerichts abzuwarten, ob das Pachtrecht des Übernehmers an dem streitigen Acker zum Erbhof gehöre. Durch Beschlüsse des Anerbengerichts wurde in diesem Sinn entschieden. Die Berufung des Beklagten blieb trotzdem erfolglos. Das Reichsgericht verwies die Sache zurück. Die Klägerin konnte auf Grund ihres Eigentums die Herausgabe des Ackers verlangen, wenn dem nicht ein Recht des Beklagten zum Besitz entgegenstand. Da der Beklagte ein solches Recht aus dem zwischen ihm und dem Treuhänder abgeschlossenen Pachtvertrag herleitete, kam es darauf an, ob der Treuhänder zu der Verfügung über den Acker befugt war. Das war er, wenn der Acker zum Erbhof gehörte. Das Berufungsgericht hatte das verneint mit der Begründung, daß die Erbhofgerichte zwar eine zum Erbhof gehörige Nutzungsberechtigung des Bauern an dem streitigen Lande festgestellt hätten, daß

diese Entscheidung aber für die Gerichte nicht bindend sei, weil es sich bei der Frage, ob der Übergabevertrag eine Berechtigung (nicht nur eine Verpflichtung) des Bauern zur Pachtung des Ackers ergebe, um eine Vorfrage für die Entscheidung über die Erbhofzugehörigkeit handle, und zur Entscheidung über diese Vorfrage die Gerichte ohne Bindung an die Sprüche der Erbhofgerichte zuständig seien. Das Reichsgericht erklärte diese Auffassung für unhaltbar. Ebenso wie die Entscheidung darüber, ob ein Hof als Erbhof anzusehen ist, gehört die Entscheidung über die Erbhofzugehörigkeit einzelner Bestandteile und Zubehörstücke zur Zuständigkeit der Erbhofgerichte. In denkgesetzlicher Folge hieraus muß angenommen werden, daß auch die Frage, ob ein Nutzungsrecht zum Erbhof gehört, von den Erbhofgerichten zu entscheiden ist. Ihre Zuständigkeit ist ausschließlich. Haben sie eine Entscheidung mit äußerer Rechtskraft gefällt, so besteht auch innere Rechtskraft mit der Folge, daß die Frage, über die entschieden wurde, für die am Verfahren beteiligt gewesenen Personen endgültig beantwortet ist, so daß diese an die Entscheidung gebunden sind. Die Erbhofgerichte sind nicht gehindert, rein bürgerlichrechtliche Fragen zu entscheiden, wenn diese auf dem Wege zu der ihnen gesetzlich zugewiesenen Entscheidung liegen. Im vorliegenden Falle war Gegenstand des Streites das Rechtsverhältnis zwischen der Klägerin und dem Bauern, das nach dem Übergabevertrag hinsichtlich des im Eigentum der Klägerin verbliebenen Ackers bestand; zweifelhaft war, ob in diesem Rechtsverhältnis nur eine Verpflichtung des Bauern oder auch ein Recht für ihn enthalten war. Nur im letzteren Falle konnte gesagt werden, daß die zwischen der Klägerin und dem Bauern bestehenden Rechtsbeziehungen zum Erbhof gehören. Demgemäß handelte es sich bei der durch Auslegung des Übergabevertrags zu gewinnenden Beantwortung dieser Frage um einen wesentlichen Teil in der Entscheidung der Frage nach der Erbhofzugehörigkeit. Die Entscheidung der Erbhofgerichte, daß es sich um ein familienrechtliches, im Hof- und Sippenverbande begründetes Nutzungsverhältnis handle, das bis zum Tode der Mutter des Übernehmers fortbestehen solle, war demgemäß für die Gerichte bindend. Der Treuhänder war der Klägerin gegenüber zum Besitz an dem Acker berechtigt und hatte durch die Verpachtung an den Beklagten rechtmäßig darüber verfügt. Die zwischen der Klägerin und ihrem Sohne getroffene Vereinbarung über Aufhebung des Pachtverhältnisses war unwirksam. Unentschieden blieb aber die Frage, ob sich die Klägerin infolge Verzug des Bauern mit den ihr geschuldeten Zahlungen oder wegen sonstiger Vertragsverletzung aus dem pachtähnlichen Verhältnis mit ihm lösen konnte und ob das wirksam geschehen war. Die Entscheidung hierüber stand den ordentlichen Gerichten zu; das Nutzungsrecht des Bauern und die ihm entsprechende Verpflichtung der Klägerin mußten aber mit dem Inhalt zugrundegelegt werden, den ihnen die Erbhofgerichte gegeben hatten. Die in dieser Hinsicht bestehende Sach- und Rechtslage war noch zu prüfen. Dabei waren einerseits die Belange des Erbhofs und der Umstand, daß die Bindung als dauernd und fest vorgesehen war, zu berücksichtigen, anderseits aber auch die zu schützenden Belange der Klägerin. (V, 30. Juli 1942.) Amtl. Sammlg. S. 304—311.

58. **Kartoffelkäfer. Amtspflichtverletzung.** (KG. vom 5. März 1937, §§ 2, 16; 7. KartKäfAbwVO. § 2; BGB. § 839; WeimVerf. Art. 131.) Für einen preußischen Regierungsbezirk wurde durch den zuständigen Regierungspräsidenten das kolonnenweise Absuchen der Kartoffelfelder angeordnet. In einer Gemeinde wurden demgemäß aus den Nutzungsberechtigten sowie Schulkindern Suchkolonnen gebildet, die nach Anweisung des Feldhüters sämtliche Kartoffelfelder abzusuchen hatten. Der Eigentümer eines Kartoffelackers nahm anfangs Juli 1939 an einer Suche als Führer einer Kolonne teil, wobei auch sein Acker abgesucht wurde. Am Ende Juli 1939 wurde festgestellt, daß der Acker von Kartoffelkäfern völlig verseucht war. Auf Anordnung des Kartoffelkäferabwehrdienstes wurde der Acker umgegraben; die ganze Ernte wurde vernichtet. Die Klage des Eigentümers gegen die Gemeinde auf Schadenersatz drang in zwei Rechtszügen durch. Das Reichsgericht wies sie ab. Die Grundlosigkeit der Klage ergab sich allerdings nicht schon aus der Vorschrift in § 9 des Gesetzes zum Schutze der landwirtschaftlichen Kulturpflanzen vom 5. März 1937, wonach Maßnahmen, die auf Grund dieses Gesetzes und seiner Ausführungsvorschriften getroffen werden, keinen Anspruch auf Entschädigung be-

gründen. Diese Vorschrift hat nur solche Schäden im Auge, die bei ordnungsmäßiger Durchführung der Bekämpfungsmaßnahmen nicht zu vermeiden sind. Schuldhaft rechtswidrige Maßnahmen werden durch sie nicht gedeckt. Das kolonnenweise Absuchen der Grundstücke, die Bildung der Suchkolonnen und ihr Einsatz waren Ausübung hoheitlicher Gewalt; die Führer der Kolonnen wurden als Beamte im Sinne der Amtshaftungsvorschriften tätig. Die Klage mußte aber daran scheitern, daß keine Amtspflicht verletzt wurde, die dem Kläger gegenüber bestand. Die Bekämpfung der landwirtschaftlichen Schädlinge dient grundsätzlich der Allgemeinheit. Zum Schutze der Volksgesamtheit sind die Eigentümer und Nutzungsberechtigten von landwirtschaftlichen Grundstücken verpflichtet, sich entweder selbst an der Schädlingsbekämpfung zu beteiligen oder die von zuständiger Stelle angeordneten Maßnahmen zu dulden. Aus keiner der zu diesem Zweck erlassenen Vorschriften läßt sich aber entnehmen, daß die Bekämpfungsmaßnahmen auch den einzelnen Nutzungsberechtigten dienen sollen. Diese haben selbst die Aufgabe, ihr Land zu bewirtschaften und in gutem Zustand zu erhalten; der Gesamtheit der Nutzungsberechtigten wird nur die dem Gemeinschaftsgedanken entspringende zusätzliche Verpflichtung auferlegt, gemeinsam für die Sicherung der Ernährung des deutschen Volkes tätig zu werden. Hienach konnte eine den einzelnen Nutzungsberechtigten gegenüber bestehende Amtspflicht der an der Suche beteiligten Beamten zu einer restlosen Absuche aller Felder nicht angenommen werden. (III, 4. August 1942.)

Amtl. Sammlg. S. 312—317.
Vgl. Bd. 135 S. 110; Bd. 139 S. 149; Bd. 140 S. 424; Bd. 142 S. 190; Bd. 151 S. 385.

59. **Grundbuchbeamter. Belehrungspflicht. Vertragsauslegung.** (GBO. a. F. §§ 13, 19.) Im Jahr 1929 wurde von einem Ratsschreiber in Württemberg ein Vertrag beurkundet, wodurch ein Haus verkauft wurde; in der Urkunde wurde auch die Auflassung erklärt und die Umschreibung beantragt. Der Kaufpreis sollte zum Teil bar bezahlt werden; außerdem wurde vereinbart, daß für den Restbetrag mit 10000 *RM* eine Goldmarkhypothek ohne Brief auf den erkauften Grundstücken bestellt werden sollte. Das Grundbuchamt vollzog die Umschreibung; die Eintra-

gung einer Hypothek unterblieb. Die Verkäufer konnten von dem Käufer, der das Haus weiterveräußerte, Bezahlung der Restforderung nicht erlangen Sie klagten gegen das Deutsche Reich auf Schadenersatz mit der Begründung, der Schaden sei durch fahrlässige Amtspflichtverletzung des Grundbuchbeamten entstanden. Das Berufungsgericht wies die Klage ab. Das Reichsgericht verwies die Sache zurück. Da die Urkunde über den Kaufvertrag beim Grundbuchamt einging, ohne daß besondere Anträge gestellt wurden, war der Grundbuchbeamte verpflichtet, die gesamte Urkunde daraufhin zu prüfen, welche grundbuchlichen Maßnahmen durch sie veranlaßt waren. Regelmäßig setzen Eintragungen im Grundbuch einen Antrag und eine Bewilligung voraus Hiebei bedarf es nicht des Gebrauchs der Worte „Antrag" und „Bewilligung", wenn nur der Inhalt der Erklärungen zweifelsfrei ergibt, daß eine Eintragung vorgenommen werden soll und daß der durch sie Betroffene sie bewilligt Das Berufungsgericht hatte angenommen, daß solche zweifelsfreie Erklärungen in der Urkunde nicht enthalten seien, sondern daß diese nur eine schuldrechtliche Verpflichtung für die spätere Bestellung einer Hypothek begründet habe Diese Auslegung erkannte das Reichsgericht nicht als zutreffend an. Der Ratsschreiber war nach württembergischem Recht zur Beurkundung der dinglichen Einigung über die Bestellung der Hypothek zuständig; es war anzunehmen, daß er eine solche Einigung auch beurkunden wollte. Gab hienach der Inhalt der überreichten Urkunde zum mindesten zu Zweifeln Anlaß, ob nicht die Parteien die Hypothek sofort bestellen wollten, so durfte der Grundbuchbeamte sich nicht einfach untätig verhalten. Seine Tätigkeit fiel in das Gebiet der freiwilligen Gerichtsbarkeit Das Reichsgesetz über die freiwillige Gerichtsbarkeit galt zu der maßgebenden Zeit für Grundbuchsachen noch nicht, da diese nicht zu den durch Reichsgesetz den Gerichten übertragenen Angelegenheiten gehörten; aber es folgte aus der Natur der Sache, daß der in Angelegenheiten der freiwilligen Gerichtsbarkeit tätige Beamte verpflichtet war, durch sachgemäße Belehrung darauf hinzuwirken, daß Zweifel, die sich aus den Erklärungen der Parteien ergaben, geklärt und unvollständige Erklärungen ergänzt wurden Diese Verpflichtung ergab sich besonders für die württembergischen Grundbuchbeamten, wenn ihnen Urkunden vorgelegt wurden, die von nicht vorgebildeten Ratsschreibern aufgenommen waren. Das Deutsche Reich konnte seine Haftung nicht durch einen Hinweis darauf beseitigen, daß die Möglichkeit bestand, von der Gemeinde wegen Amtspflichtverletzung des Ratsschreibers Ersatz zu erlangen. Bei fahrlässiger Herbeiführung eines Schadens durch mehrere Beamte geht es nicht an, die Haftung des einen auf den anderen abzuwälzen. Das gilt auch dann, wenn an Stelle der Haftung des Beamten die des Staates oder einer anderen öffentlichen Körperschaft tritt.

Amtl. Sammlg. S. 317—320.

Vgl. Bd. 85 S. 409; Bd. 141 S. 283.

60. Pfandrecht. Pflichten des Pfandgläubigers. (BGB. § 1285.) C. erhielt von einer Bank ein Darlehen und verpfändete ihr zu dessen Sicherung eine ihm auf dem Grundstück des A. zustehende Hypothekenforderung von gleicher Höhe. Die Bank erwirkte gegen ihn ein Versäumnisurteil. A. hatte Forderungen gegen die Mutter des C.; diese wies die Bank auf die Möglichkeit hin, auf Grund der ihr verpfändeten Hypothekenforderung in diese Forderungen zu vollstrecken. Die Bank erwirkte einen Pfändungs- und Überweisungsbeschluß, verzichtete aber auf Grund eines Vergleichs mit A. auf einen Teil der ihr hiedurch erwachsenen Rechte. C. klagte hiewegen gegen die Bank mit dem Antrag, die Vollstreckung aus dem Versäumnisurteil für unzulässig zu erklären und sie zur Herausgabe des Schuldtitels zu verurteilen. Die Klage wurde in allen Rechtszügen abgewiesen. Eine vertragliche Bindung, wonach die Bank die Vollstreckung gegen A. entsprechend den Weisungen des Klägers durchzuführen hatte, war nicht nachgewiesen. Sie hatte demgemäß gegenüber dem Kläger weder eine Obliegenheit, den von ihm angedeuteten Vollstreckungsweg zu beschreiten, noch auch, wenn sie ihn beschritt, die Pflicht, ihn zu vollenden; wenn sie auf dadurch erlangte Vollstreckungsrechte verzichtete, machte sie sich dem Kläger gegenüber nicht haftbar. Die gegenteilige Annahme würde auf eine dem Gedanken des Pfandrechts zuwiderlaufende Rechenschaftspflicht des Pfandgläubigers gegenüber dem Pfandschuldner wegen außerhalb des Pfandes liegender Beitreibungsversuche hinauslaufen. Die Bank hatte lediglich die Pflicht, die Pfandforderung ordnungsmäßig einzuziehen; die Pfandforderung war aber nicht die Forderung des A. gegen die Mutter des Klägers, sondern die Forderung des Klägers gegen A (VII, 7. August 1942.)

Amtl. Sammlg. S. 321—323.

61. Behördliche Auskunft. Vertrauensschutz. (BGB. § 242.) K. lieferte Heizanlagen für eine Baustelle der Luftwaffe Zum Zwecke der Kreditbeschaffung trat er alle ihm hieraus gegen die Bauleitung entstehenden Forderungen an eine Bank ab Diese machte hievon der Bauleitung Mitteilung; die Bauleitung bestätigte ihre Kenntnisnahme und erklärte, daß sie die Abtretung genehmige, aber für das Bestehen der abgetretenen Forderungen keine Gewähr übernehme Nachdem K. eine Reihe von Rechnungen bei der Bauleitung eingereicht hatte, teilte diese der Bank mit, daß sie die Rechnungen anerkenne und daß der Betrag demnächst angewiesen würde. Auf Grund weiterer Rechnungen verlangte K Vorschuß von der Bank; die Bauleitung erkannte auch diese Rechnungen an und fügte bei, daß der Gewährung des Vorschusses nichts im Wege stehe Als die Bank Zahlung der Rechnungen verlangte, erklärte die Bauleitung, K habe sich Betrügereien gegen sie zuschulden kommen lassen; aus diesem Grunde wurde die Zahlung abgelehnt. Die Klage gegen das Deutsche Reich drang durch. Das Berufungsgericht hatte sie abgewiesen mit der Begründung, daß allerdings das Anerkenntnis der Bauleitung den Verzicht auf alle aus den Lieferungen des K erwachsenen und im Rahmen des Betriebs entstandenen Einwendungen einschließlich des Rechts auf Aufrechnung bedeutete, daß aber die Klägerin eine Erklärung solchen Inhalts, von der innerhalb ihres Geschäftsbereichs zur Vertretung des Reichs berufenen Bauleitung abgegeben, nur mit dem Vorbehalt habe verstehen dürfen, daß das Reich jederzeit mit Forderungen aufrechnen könne, die nicht gerade im Geschäftsbereich der Bauleitung ihren Ursprung hätten Das Reichsgericht erklärte, daß diese Annahme auf rechtlich mangelhafter Grundlage beruhe. Der Zweck der Anfrage der Klägerin und der Antwort der Bauleitung war, der Klägerin Beruhigung zu verschaffen über die Eignung der abgetretenen Forderungen als Kreditunterlage Dieses Ziel konnte nicht erreicht werden, wenn die zu diesem Zweck abgegebene Erklärung einem derartigen Vorbehalt unterlag; dann war die Erklärung nahezu zwecklos. Die vom Berufungsgericht vertretene Auffassung würde den Anforderungen der Sicherheit im rechtsgeschäftlichen Verkehr, also den Grundsätzen von Treu und Glauben, aufs schwerste widersprechen. Auch wenn unterstellt werden müßte, daß die Bauleitung nicht befugt gewesen sei, auf die Aufrechnung mit solchen Forderungen des Reichs zu verzichten, die nicht ihrem eigenen Geschäftsbereich entstammten, könnte sich deshalb der Beklagte der Klägerin gegenüber nicht darauf berufen. Die Erwägungen, auf die das Berufungsgericht die Verneinung einer solchen Befugnis stützte, waren aber nicht haltbar. Die Auffassung, daß der Mangel der Befugnis der Bauleitung, über Forderungen aus fremden Verwaltungsbezirken des Reichs zu verfügen, ohne weiteres auch den Mangel der Befugnis in sich schließen müsse, auf die Aufrechnung mit solchen Forderungen gegenüber Ansprüchen aus dem Bereich der Bauleitung zu verzichten, war rechtsirrig; ebenso die Annahme, daß die Gegenforderungen des Reichs, weil sie aus strafbaren Handlungen des K. entstammten, nicht in den Geschäftsbereich der Bauleitung fielen; sie konnten trotz dieser Eigenschaft wohl in jenen Geschäftsbereich fallen, ja sogar gleichzeitig sich als Ansprüche aus Vertragsverletzungen darstellen. Das Berufungsgericht hätte sich auch, ehe es die Klage abwies, mit dem von der Klägerin geltend gemachten selbständigen Klagegrunde fahrlässiger Verletzung einer in vertraglichem Rahmen bestehenden Auskunftspflicht befassen müssen. Die Feststellungen des Berufungsgerichts genügten für das Reichsgericht, um durch Zurückweisung der Berufung gegen das landgerichtliche Urteil in der Sache selbst zu entscheiden. (VII, 7. August 1942.) Amtl. Sammlg. S. 324—328. Vgl. Bd. 82 S. 337; Bd. 101 S. 301; Bd. 114 S. 290; Bd. 125 S. 254; Bd. 162 S. 130.

62. **Uneheliche Vaterschaft. Empfängniszeit. Beweislast.** (BGB. §§ 1592, 1717.) Einer Klage auf Anerkennung der Vaterschaft hatte das Amtsgericht stattgegeben, obwohl der Geschlechtsverkehr des Beklagten mit der Mutter der Klägerin drei Tage vor der gesetzlichen Empfängniszeit stattgefunden hatte. Der Oberreichs-

anwalt beantragte Wiederaufnahme des Verfahrens Der Antrag wurde abgewiesen. Es wäre mit einem gesunden Rechtsempfinden unvereinbar und kann daher auch nicht der Wille des Gesetzes sein, daß der Vater eines unehelichen Kindes allein deswegen von seinen Unterhaltspflichten frei werden soll, weil sich dessen Tragezeit über die gesetzliche Empfängniszeit hinaus erstreckt — eine Möglichkeit, die für eheliche Kinder ausdrücklich anerkannt ist Für fehlsam hatte der Oberreichsanwalt das Urteil deswegen gehalten, weil das Amtsgericht nach der seiner Entscheidung beigegebenen Begründung verkannt habe, daß bei einer Beiwohnung vor der Empfängniszeit die gesetzliche Vermutung des § 1717 BGB nicht Platz greife, sondern die Erzeugung des Kindes durch diesen Geschlechtsverkehr bewiesen werden müsse Es konnte aber nicht zweifelhaft sein, daß das Amtsgericht die Klägerin als beweispflichtig für die Vaterschaft des Beklagten angesehen und diesen Beweis durch das Ergebnis der Beweisaufnahme als geführt erachtet hatte Wenn das in Urteilsgründen nicht mit voller Klarheit zum Ausdruck kam, lag nur eine ungeschickte Fassung vor, welche die Aufhebung der Entscheidung nicht rechtfertigen konnte (Großer Senat für Zivilsachen, 12. August 1942.)

Amtl. Sammlg. S. 328—330.

63. **Gesellschaft. Ausschließung eines Gesellschafters. Verein. Vertragsauslegung.** (BGB. §§ 54, 157, 723, 737; G.m.b.H. § 34) Der Bauunternehmer M., ein aus Deutschland ausgewanderter Jude, war Gesellschafter einer G. m. b. H Durch einen notarisch beurkundeten Beschluß der Gesellschafter wurde die Gesellschaft gemäß dem Gesetz über die Umwandlung von Kapitalgesellschaften vom 5. Juli 1934 und der Durchführungsverordnung zu diesem Gesetz vom 14. Dezember 1934 in eine Gesellschaft bürgerlichen Rechts umgewandelt; für die Rechtsverhältnisse der Gesellschafter untereinander sollten sinngemäß die Vorschriften gelten, die bisher für die G m. b. H. maßgebend waren. Im Jahr 1938 luden die beiden anderen Gesellschafter M zu einer Gesellschafterversammlung ein. Er nahm an ihr nicht teil Es wurde beschlossen, M. als Gesellschafter auszuschließen, weil eine Gesellschaft, an der ein Jude mit mehr als 25% beteiligt sei, vom Gesetz als jüdisch angesehen werde, seine weitere Zugehörigkeit

zur Gesellschaft für diese also schwere wirtschaftliche Nachteile zur Folge haben würde. Er klagte auf Feststellung, daß er nach wie vor Gesellschafter sei. In zwei Rechtszügen drang die Klage durch. Während das Verfahren vor dem Reichsgericht anhängig war, verfiel das Vermögen des M. auf Grund der 11. Verordnung zum Reichsbürgergesetz vom 25. November 1941 dem Deutschen Reich. Dieses nahm das Verfahren auf. Das Reichsgericht verwies die Sache zurück. Durch das Einrücken des Deutschen Reichs an Stelle des M. wurde an der sachlichrechtlichen Beurteilung des Streites nichts geändert. Die Ausschließung eines Gesellschafters aus einer Gesellschaft bürgerlichen Rechts nach § 737 BGB. ist unter zwei Voraussetzungen möglich: Es muß im Gesellschaftsvertrag bestimmt sein, daß im Falle der Kündigung eines Gesellschafters die Gesellschaft unter den übrigen Gesellschaftern fortbestehen soll, und es muß ein wichtiger Kündigungsgrund vorliegen. Der Gesellschaftsvertrag enthielt eine entsprechende Bestimmung nicht; auch im Gesellschaftsvertrag der G. m. b. H. war eine solche nicht enthalten. Das Reichsgericht hat aber in mehreren Entscheidungen anerkannt, daß eine G. m. b. H. auch ohne eine dahingehende Satzungsvorschrift die Möglichkeit haben muß, sich eines Gesellschafters zu entledigen, der aus einem in seiner Person liegenden Grunde völlig untragbar geworden ist. Es liegt im Sinne jedes Gesellschaftsvertrags, daß die Gesellschaft in Fällen unzumutbarer Belastung durch die Fortdauer der Mitgliedschaft eines Gesellschafters über Mittel verfügen muß, sich hiegegen zu schützen; zu diesem Ergebnis führt gemäß § 157 BGB. die ergänzende Auslegung der Satzung nach Treu und Glauben mit Rücksicht auf die Verkehrssitte. § 34 G. m. b. H. betrifft nach dieser Auslegung nur Fälle, die nicht schon aus diesem Grunde als durch den ungeschriebenen, weil selbstverständlichen Gesellschaftswillen erfaßt angesehen werden können. Daß die Ausschließung eines Gesellschafters nur den letzten und äußersten Rechtsbehelf bilden kann, wenn andere gangbare Wege zur Beseitigung des Mißstandes nicht vorhanden sind, folgt aus der gesellschafterlichen Treupflicht. Die in dem Umwandlungsbeschluß enthaltene Bezugnahme auf die Verhältnisse der früheren G. m. b. H. bildete hienach eine hinreichende Grundlage für die Ausschließung des

M. aus der Gesellschaft bürgerlichen Rechts; die Folge davon war dann die Anwachsung seines Geschäftsanteils an die übrigen Gesellschafter. Für die Würdigung der Sache konnte unter Umständen auch die unter Beweis gestellte Behauptung der Beklagten erheblich sein, die Parteien hätten ausdrücklich bedungen, das Bestehenbleiben der Gesellschaft bürgerlichen Rechts solle vom Wegfall eines Gesellschafters unabhängig sein. Das Berufungsgericht hatte das Vorliegen eines wichtigen Grundes für die Ausschließung des M. verneint, weil die Beklagten mit ihm im Jahr 1937 trotz Kenntnis seiner Zugehörigkeit zur jüdischen Rasse den Vertrag über die Umwandlung der G. m. b. H. in eine Gesellschaft bürgerlichen Rechts abgeschlossen hätten. In der Zwischenzeit hat sich aber die ablehnende Haltung des deutschen Volkes gegenüber dem Judentum erheblich verstärkt; das ist auch in der Gesetzgebung zum Ausdruck gekommen. Die Beklagten mußten unter diesen Umständen damit rechnen, daß wegen der Rassezugehörigkeit des M. der Gesellschaft und damit auch ihnen selbst erhebliche Schwierigkeiten entstehen würden. Das Berufungsgericht hätte untersuchen müssen, ob nicht mit Rücksicht auf die veränderte Sachlage trotz des Umwandlungsbeschlusses das Vorliegen eines wichtigen Grundes für die Ausschließung anzunehmen war. Anderseits hätte geprüft werden sollen, ob nicht die Beklagten mit Rücksicht auf ihre gesellschafterliche Treupflicht gehalten waren, dem M. die Wege für ein freiwilliges Ausscheiden aus der Gesellschaft zu ebnen. M. hatte seinen Anteil dem NS.-Bund deutscher Technik angeboten; wenn dieser in die Gesellschaft eingetreten wäre, hätten sich die Bedenken gegen eine jüdische Mitbeteiligung nicht aufrechterhalten lassen. Bisher stand nicht fest, ob der Bund sich endgültig entschlossen hatte, in die Gesellschaft einzutreten, und aus welchen Gründen die Beklagten dazu ablehnend Stellung genommen hatten. M. hatte sich auch darüber beschwert, daß ihm vor seiner Ausschließung das rechtliche Gehör nicht gewährt worden sei. In dieser Hinsicht war die Sachlage nicht genügend geklärt. Für die Ausschließung aus einem nicht rechtsfähigen Verein ist in der Rechtsprechung anerkannt, daß sie nur nach Gewährung des rechtlichen Gehörs erfolgen darf. Zwischen einem solchen Verein und einer Gesellschaft bürgerlichen Rechts bestehen aber grundlegende Unterschiede, wenn auch nach § 54 BGB. auf nicht rechtsfähige Vereine die Vorschriften über die Gesellschaft Anwendung finden. Als ein seinem Wesen nach von dem Wechsel der Mitglieder unabhängiges körperschaftliches Gebilde mit entsprechender Verfassung hat auch der nicht rechtsfähige Verein eine Vereinsgewalt (Autonomie), die der Staat gelten läßt. Bei der Gesellschaft bürgerlichen Rechts liegen die Verhältnisse anders. Hier fehlt ein übergeordnetes Gebilde, das Träger einer Gemeinschaftsgewalt sein könnte. Die Ausschließung eines Gesellschafters ist nichts anderes als eine Kündigung, die von allen verbleibenden Gesellschaftern aus wichtigem Grund erklärt wird. Eine Verpflichtung zur Anhörung des Gesellschafters vor seiner Ausschließung kann sich aus der gesellschafterlichen Treupflicht in Verbindung mit dem Rechtsgrundsatz ableiten, daß vor der Ausschließung mit ihren einschneidenden Folgen für den Betroffenen alle möglichen und zumutbaren Wege zur Behebung der Schwierigkeiten beschritten werden müssen. Unter diesem rechtlichen Gesichtspunkt kann die Anhörung des auszuschließenden Gesellschafters aber nur dann erforderlich sein, wenn sie einen Sinn und Zweck hat und nicht von vornherein aussichtslos ist. Wenn in der jüdischen Rassezugehörigkeit des M. ein hinreichender Grund zu seiner Ausschließung aus der Gesellschaft lag, konnte daran auch seine Anhörung nichts ändern; die Ausschließung konnte in diesem Falle nicht deshalb als ungültig angesehen werden, weil M. das rechtliche Gehör versagt worden war. (II, 13. August 1942.)

Amtl. Sammlg. S. 330—339.

Vgl. Bd. 146 S. 169; JW. 1937 S. 1548; 1938 S. 1325.

64. **Todeserklärung. Zuständigkeit.** (ÖstJurNorm § 47; RZP. § 36; RG. über die Verschollenheit, Todeserklärung und Feststellung der Todeszeit vom 4. Juli 1939 § 15; ÖstG. betreffend das Verfahren zum Zweck der Todeserklärung vom 16. Februar 1883 § 1.) Ein Soldat, der seinen Wohnsitz im Sudetenland hatte, kehrte von einem Feindflug nach England nicht zurück und war seitdem verschollen. Für die Todeserklärung war nach österreichischem Recht das Landgericht Leitmeritz, nach deutschem Recht das Amtsgericht Berlin zuständig. Infolgedessen hatte das Reichsgericht das zuständige Gericht zu bestimmen.

Es entschied sich für das Amtsgericht Berlin. Die Nichteinführung verschiedener Bestimmungen des Verschollenheitsgesetzes in einzelnen Reichsgauen hat nur vorläufige Bedeutung; anderseits kommt das Bestreben des Gesetzes in Betracht, für bestimmte Arten der Verschollenheit die Zuständigkeit eines und desselben Gerichts zu begründen, damit widerstreitende Entscheidungen vermieden werden, wenn bei demselben Feindflug mehrere Personen vermißt werden. (VIII, 26. August 1942.)

Amtl. Sammlg. S. 339—340.

65. **Revisionssumme. Aufrechnung.** (ÖstZPO. § 411.) In dem angefochtenen Urteil war der Klaganspruch in der Höhe von 2275 *RM* anerkannt und zugleich entschieden, daß die vom Beklagten zur Aufrechnung verwandte Gegenforderung von 100 000 *RM* nicht zu Recht bestehe. Die Revision des Beklagten wurde für unzulässig erklärt. Die Gegenforderung war weder Gegenstand einer Widerklage noch eines Feststellungsantrags; eine Entscheidung über sie lag daher nur in der Höhe der Klageforderung vor. Der Beklagte konnte sich also nur dadurch für beschwert halten, daß der Aufrechnungsanspruch in der Höhe der Klageforderung verneint worden war. Der Wert des Beschwerdegegenstandes blieb demnach unter der Revisionsgrenze. (VIII, 26. August 1942.)

Amtl. Sammlg. S. 340—341.

66. **Alteisensammlung. Amtspflichtverletzung.** (Weim. Verf. Art. 131; BGB. §§ 823, 839; RG. vom 15. Juli 1941 §§ 2, 4.) Auf dem Feld eines Gutes lag seit einer Reihe von Jahren ein unbenutzter Dampfpflug. Gelegentlich der dem Beauftragten für den Vierjahresplan angeordneten Alteisensammlung fragte der Bürgermeister der Gemeinde bei dem Verwalter des Gutes an, was es mit dem Pflug für eine Bewandnis habe. Dieser erwiderte, Eigentümerin sei die Firma B. in M. Der Bürgermeister teilte dem Polizeipräsidenten in M. den Sachverhalt mit und erklärte, er wolle den Pflug bei entsprechender Auskunft der Alteisensammlung zuweisen. Er erhielt die Antwort, daß der Inhaber der Firma B. sich mit ihm in Verbindung setzen werde. Nachdem der Bürgermeister mehr als 1½ Jahre lang nichts mehr von der Sache gehört hatte, überwies er den Pflug als herrenlos der Alteisensammlung. Der Inhaber der Firma B. klagte

gegen ihn und die Gemeinde auf Schadenersatz mit der Begründung, daß er die Möglichkeit gehabt hätte, den Pflug für 900 *RM* zu verkaufen. Das Amtsgericht wies die Klage ab. Das Kammergericht Berlin erkannte den Anspruch als begründet an und verwies die Sache zur Entscheidung über die Höhe des Anspruchs an das Amtsgericht zurück. Dieses gab nunmehr der Klage statt. Gemäß dem Gesetz vom 15. Juli 1941 beantragte der Oberreichsanwalt die Wiederaufnahme des Verfahrens. Sie führte zur Abweisung der Klage. Unrichtig war schon die Auffassung des Kammergerichts, daß der Bürgermeister im bürgerlichrechtlichen Geschäftskreise der Gemeinde gehandelt habe. Er wurde tätig auf Grund des Runderlasses des Reichs- und Preußischen Ministers des Innern vom 5. Februar 1939, der ihm in seiner amtlichen Eigenschaft zur Pflicht machte, die Erfassung des Alteisens in seinem Amtsbezirk nach Kräften zu fördern. Wenn er in Erfüllung dieser Obliegenheit den Pflug der Alteisensammlung zuführte, lag ihm fern, ihn zunächst für die Gemeinde in Besitz zu nehmen und darüber dann als Bestandteil des gemeindlichen Vermögens zu verfügen. Er handelte vielmehr in Ausübung öffentlich-rechtlicher Gewalt. Die Gemeinde hatte also der Klägerin für einen ihr hiedurch zugefügten Schaden nur dann aufzukommen, wenn sich die schädigende Handlung als eine schuldhafte Verletzung einer Amtspflicht darstellte, die dem Bürgermeister der Klägerin gegenüber oblag. Eine solche muß allerdings immer dann als vorliegend angesehen werden, wenn von dem Beamten bei der Ausübung der ihm anvertrauten öffentlichen Gewalt der Tatbestand einer unerlaubten Handlung verwirklicht worden ist. Als eine solche kam im gegebenen Falle die Verletzung des Eigentums der Klägerin in Betracht. Bei der Beurteilung dieser Frage kam es aber nicht darauf an, ob der Bürgermeister ausreichenden Grund zu der Annahme hatte, die Klägerin habe ihr Eigentum an dem Pflug aufgegeben und dieser sei dadurch herrenlos geworden. Er war bereits dann frei von Verschulden, wenn er ohne Fahrlässigkeit annehmen konnte, die Klägerin sei mit der Übergabe des Pfluges zur Alteisensammlung einverstanden. Für diese Annahme hatte er ausreichende Gründe. Die Klägerin hatte den Pflug jahrelang auf der letzten Arbeitsstätte liegen lassen und Mahnungen des Gutsverwalters, ihn wegzuschaffen, nicht beachtet. Wenn sie später die Möglichkeit hatte, den Pflug für 900 RM zu verkaufen, hatte das seinen Grund in der zur Zeit der Weggabe nicht voraussehbaren, durch den Krieg bedingten Nachfrage nach alten Gegenständen. Die Alteisensammlung diente völkischen Belangen; der Bürgermeister durfte erwarten, daß die Klägerin dafür Verständnis haben und ihm, falls sie mit seiner Absicht nicht einverstanden war, alsbald eine unmißverständliche Mitteilung machen werde. Wenn er das Schweigen der Klägerin als Zustimmung zu der Verwertung des Pfluges für die Alteisensammlung ansah, konnte ihm daraus nach Lage der Sache kein Vorwurf der Fahrlässigkeit gemacht werden. (Großer Senat für Zivilsachen, 29. August 1942.)

Amtl. Sammlg. S. 341—345.
Vgl. Bd. 154 S. 117.

67. **Ferntrauung.** (WehrmPStVO. vom 4. November 1939 §§ 13, 15, 32; VO. vom 15. August 1940 § 1; WehrG. vom 21. Mai 1935 §§ 21, 35; EheG. §§ 15, 17, 21.) Ein Angestellter einer Maschinenfabrik wurde auf ihren Antrag für unabkömmlich erklärt, von ihr aber zu Ausbesserungsarbeiten bei einer Panzerdivision zur Verfügung gestellt. Der Ingenieuroffizier der Division erteilte ihm die Erlaubnis zum Tragen der Uniform eines Sonderführers im Rang eines Leutnants. Am 7. Februar 1940 erklärte er zur Niederschrift des Regimentskommandeurs seiner Dienststelle, mit einer in der Heimat befindlichen Frau die Ehe schließen zu wollen. Im Anschluß an die Niederschrift bestätigte der Regimentskommendeur, daß er als Angehöriger der bewaffneten Macht an einem Kriege teilnehme und seinen Standort verlassen habe, außerdem, daß er von ihm die Erlaubnis zur Eheschließung erhalten habe. Die Niederschrift ging am 14. Februar 1940 bei dem Standesamt ein, in dessen Bezirk die Braut ihren gewöhnlichen Aufenthalt hatte. Am 23. Februar erschien er mit seiner Braut vor dem Standesbeamten, der mit ihnen eine Aufgebotsverhandlung aufnahm; zur Eheschließung kam es nicht, weil eine Urkunde, deren Vorlegung der Standsebeamte verlangte, nicht zur Stelle war. Am 30. März 1940 erklärte die Braut vor dem Standesbeamten ihren Willen, die Ehe zu schließen; die Ehe-

schließung wurde in das Familienbuch eingetragen. Die Klage des Mannes auf Nichtigerklärung der Ehe drang in zwei Rechtszügen durch. Das Reichsgericht wies sie ab. Begründet war die Klage damit, daß der Kläger weder Soldat noch Wehrmachtsbeamter gewesen sei, daß also die Personenstandsverordnung der Wehrmacht vom 4. November 1939 auf ihn keine Anwendung gefunden habe. Das Reichsgericht erkannte die Feststellung des Berufungsgerichts, daß der Kläger kein Angehöriger der Wehrmacht war, als zutreffend an; auf Angehörige des Wehrmachtsgefolges ist die Verordnung nicht ausgedehnt worden. Für die rechtliche Beurteilung des Falles war aber davon auszugehen, daß der Regimentskommandeur den Kläger für einen Angehörigen der Wehrmacht gehalten hatte, weil er die Uniform eines Sonderführers trug. Der Standesbeamte, der die Eheschließung vornahm, konnte und mußte sich auf die Erklärung des Regimentskommandeurs verlassen; auch beide Parteien waren davon überzeugt, daß ihnen durch die bestehenden Vorschriften die Möglichkeit einer Ferntrauung eröffnet sei. Bei diesem Sachverhalt war es ein Gebot der Rechtssicherheit, das Zustandekommen der Ehe nicht daran scheitern zu lassen, daß der Kläger in Wirklichkeit nicht Angehöriger der Wehrmacht war, ebensowenig wie es der Rechtsgültigkeit einer Ehe Abbruch tun kann, wenn sonstige über das Vorliegen der Voraussetzungen einer Ferntrauung ordnungsmäßig ausgestellte Bescheinigungen sich nachträglich als unrichtig herausstellen. Das Ehegesetz schützt durch eine ausdrückliche Vorschrift den Bestand der Ehe, wenn eine Person, die nicht Standesbeamter ist, das Amt eines solchen öffentlich ausgeübt und die Ehe in das Familienbuch eingetragen hat, weil dadurch nicht nur gegenüber den Verlobten, sondern auch gegenüber der Allgemeinheit der Eindruck einer vollgültigen Eheschließung erweckt worden ist. Dabei kommt es nicht einmal darauf an, ob die Verlobten gutgläubig sind oder nicht. Um so mehr war es in einem Falle der vorliegenden Art, in dem sämtliche Beteiligten auf die Rechtsgültigkeit der Eheschließung vertrauen durften und in dem auch nach außen hin der Eindruck einer vollgültigen Eheschließung erweckt wurde, erforderlich, in rechtsähnlicher Anwendung dieses Gedankens den Bestand der Ehe gegen eine nachträgliche Anfechtung ihrer

Gültigkeit wegen des Fehlens der Eigenschaft des Mannes als Wehrmachtsangehörigen zu schützen. Der Kläger hatte behauptet, daß am 27. März 1940 zwischen ihm und der Beklagten vereinbart worden sei, die Ehe nicht zu schließen, und daß die Beklagte arglistig dieser Vereinbarung entgegengehandelt habe. Auch wenn das zutraf, tat es der Gültigkeit der Ehe keinen Eintrag. Die Erklärung des Klägers war unwiderruflich; durch eine bloße Einigung der Verlobten konnte diese durch das öffentliche Interesse gebotene Vorschrift nicht unwirksam gemacht werden. Die Beklagte war daher in der Lage, ihre Erklärung, die Ehe einzugehen, so lange abzugeben, als nicht die Erklärung des Klägers durch den Ablauf der zweimonatigen Frist ihre Kraft verloren hatte; es machte nichts aus, wenn der Kläger an seinem Willen, die Ehe zu schließen, nicht mehr festhielt und auch die Beklagte in der Zwischenzeit vorübergehend anderen Sinnes gewesen war. (IV, 2. September 1941.) Amtl. Sammlg. S. 345—352.

68. **Polizeipflicht. Amtspflichtverletzung. Richterliche Fragepflicht. Richterliche Nachprüfung.** (Weimar.Verf. Art. 131; PrPolVerwG. § 20; BGB. §§ 249, 251, 839; ZPO. § 139.) Auf einem Grundstück innerhalb einer Stadt befand sich ein kleines Gartenhaus, das zum Betrieb eines Süßwarenhandels vermietet war. Das Grundstück war auf den Namen von längst verstorbenen Eheleuten eingetragen. Diese hatten drei Geschwister, zwei Brüder und eine Schwester, als Erben eingesetzt. Der eine der Brüder war gestorben und von seiner Schwester beerbt worden; dieser war das Grundstück schon von den früheren Eigentümern im voraus vermacht worden. Der überlebende Bruder, ein Rechtsanwalt, führte namens seiner Schwester die Verwaltung des Grundstücks. Der Bürgermeister der Stadt richtete an ihn die Aufforderung, das Gartenhaus, das sich wegen jederzeit möglicher Einsturzgefahr in einem polizeiwidrig baufälligen Zustande befinde, auch wegen seiner Lage die Sicht nach beiden Seiten behindere und so die Sicherheit des Fahrzeugverkehrs gefährde, niederzulegen; für den Fall der Nichtbefolgung des Auftrags wurde der Abbruch des Hauses angedroht. Der Rechtsanwalt erhob Beschwerde beim zuständigen Landrat; diese wurde abgewiesen mit der Begründung, daß das Haus baufällig sei, das Straßenbild

verschandele und die Übersicht auf die Fahrbahn behindere. Die Entscheidung bezeichnete sich als endgültig. Die Schwester des Rechtsanwalts teilte darauf dem Bürgermeister mit, daß sie Alleineigentümerin des Grundstücks sei. Dieser ordnete ohne Rücksicht hierauf den Abbruch des Hauses an, nachdem die für die Niederlegung in der Entscheidung des Landrats festgesetzte Frist abgelaufen war. Die Eigentümerin klagte auf Schadenersatz in der Form, daß die Stadt zu verurteilen sei, das niedergerissene Haus in der gleichen Größe wiederherzustellen; zur Erstattung des Mehrwerts erklärte sie sich bereit. Das Landgericht gab der Klage statt; das Berufungsgericht wies sie ab. Die Revision der Klägerin führte zur Zurückverweisung. Die Sachbefugnis der Klägerin unterlag keinem Bedenken. Die Schadenersatzansprüche standen der Erbengemeinschaft zu, an der außer der Klägerin noch ihr Bruder beteiligt war; dieser hatte ihr seine Ansprüche abgetreten. Die Beklagte hatte es als unsinnig bezeichnet, daß die Klägerin die Wiederherstellung des Hauses verlange. Die Wiederherstellung im früheren Zustande wäre allerdings als unmöglich anzusehen gewesen und hätte nur für einen Geldanspruch Raum gelassen; in der Form, wie die Klägerin ihren Antrag gefaßt hatte, konnte ihm aber ein verständiger Sinn nicht abgesprochen werden. Das Berufungsgericht hatte den Antrag auch nicht aus diesem Gesichtspunkt, sondern deshalb abgewiesen, weil mit einem auf Amtspflichtverletzung gestützten Anspruch keine Wiederherstellung in Natur, sondern nur ein Geldersatz verlangt werden könne. Diese Auffassung entsprach der Rechtsprechung des Reichsgerichts. Der auf Wiederherstellung gerichtete Antrag der Klägerin konnte also nicht durchdringen. Der Rechtsgrund, aus dem er abgewiesen wurde, war aber in der mündlichen Verhandlung vor dem Berufungsgericht nicht erörtert worden. Es widerspricht den Erfordernissen einer volksnahen Rechtspflege, den Kläger im Urteil mit entscheidenden Erwägungen zu überraschen, denen er bei früherer Offenbarung leicht durch eine andere Fassung seines Antrags hätte begegnen können. Das Gericht hat die Pflicht, auf Stellung sachdienlicher Anträge hinzuwirken; angesichts der gegebenen Sachlage war der Antrag nicht sachdienlich. Schon das Landgericht hätte die Stellung eines auf Geldersatz lautenden Antrags oder Hilfsantrags anregen sollen; erst recht hätte das Berufungsgericht das nachzuholen gehabt. Schon dieser Umstand mußte zur Aufhebung des Urteils führen. Aber auch die sachliche Verneinung des Schadenersatzanspruchs durch das Berufungsgericht hielt der Nachprüfung nicht stand. Die Klägerin hatte die Amtspflichtverletzung des Bürgermeisters einmal darin erblickt, daß die polizeiliche Verfügung nicht gegen den richtigen Polizeipflichtigen, nämlich die Erbengemeinschaft, gerichtet gewesen sei, weiter auch darin, daß die angebliche Baufälligkeit des Hauses nur vorgeschützt worden sei, um den ordnungsmäßigen Weg eines Ankaufs oder der Enteignung zu umgehen. Das Berufungsgericht hatte dem entgegengehalten, daß das Ergebnis kein anderes gewesen wäre, wenn sich die Verfügung des Bürgermeisters gegen die Erbengemeinschaft gerichtet hätte; die Entscheidung des Landrats sei in dessen verfassungsmäßiges Ermessen gestellt gewesen und könne darum nicht nachgeprüft werden. Diese Ausführungen waren in mehrfacher Hinsicht von Rechtsirrtum beeinflußt. Das Eingreifen der Polizei darf nicht willkürlich oder nach Gutdünken vor sich gehen. Es setzt einen polizeiwidrigen Zustand oder die Gefahr seines Eintretens voraus. Insbesondere sind polizeiliche Verfügungen nach § 41 PolVerwG., abgesehen von bestimmten Sonderfällen, an die Voraussetzung einer Störung der öffentlichen Sicherheit oder Ordnung oder einer Gefahr für diese geknüpft; andernfalls sind sie nicht rechtsgültig. In Amtshaftungsstreitigkeiten kann daher das Gericht nachprüfen, ob sich die Polizeibehörde über diese Voraussetzungen schuldhaft hinweggesetzt hat. Nur in ihrer Zweckmäßigkeit sind die Maßnahmen, welche die Polizei unter den genannten Voraussetzungen zu treffen hat, ihrem pflichtmäßigen und durch das Gericht nicht nachprüfbaren Ermessen überlassen. Eine Polizeiverfügung muß sich ferner an die Person wenden, die nach dem Gesetz polizeiwidrig ist; das braucht allerdings nicht immer der Eigentümer der in Betracht kommenden Sache zu sein. Nach beiden Richtungen hatte das Berufungsgericht den Sachverhalt nicht geprüft. Das wäre um so mehr veranlaßt gewesen, als nach § 41 PolVerwG. dem Betroffenen auf Antrag zu gestatten ist, ein von ihm angebotenes anderes Mittel, durch das die Gefahr ebensogut abgewendet werden kann — hier die Ausbesserung an Stelle des Abbruchs — anzuwenden. Auch die Ausführung des Berufungsgerichts, daß auch eine Beschwerde der Klägerin abgewiesen worden wäre, ging fehl. Amtshaftungsansprüchen aus verfahrungsmäßig fehlerhaften Handlungen einer Behörde kann nicht entgegengehalten werden, daß diese bei Beachtung der Verfahrensvorschriften rechtsgültig hätten vorgenommen werden können. Das Berufungsgericht hatte nicht zu prüfen, wie der Landrat über eine etwaige Beschwerde der Klägerin entschieden hätte, sondern, wie er richtig hätte entscheiden müssen; seine Entscheidung wäre nicht eine seinem Ermessen überlassene Verwaltungsmaßnahme, sondern ein Rechtsentscheid gewesen. (III, 6. Mai 1942.) Amtl. Sammlg. S. 353—359. Vgl. Bd. 103 S. 95; Bd. 150 S. 140; Bd. 156 S. 34; JW. 1936 S. 813.

69. **Güterfernverkehr. Werkverkehr.** (GüterFernVerk.G. §§ 1, 2; DurchfVO. § 4.) Eine G. m. b. H. war zu dem Zweck gegründet worden, um für einen bestimmten Bezirk die Milch von den Landstellen zu übernehmen, an die Lieferer zu bezahlen, deren Belange dem Handel gegenüber zu vertreten und die von ihr erworbene Milch durch Weiterabsatz zu verwerten. Sie hatte mit einer in ihrem Bezirk gelegenen Meierei vereinbart, daß diese, wie sie das schon vorher getan hatte, die Milch bei ihren Landstellen mit eigenem Kraftwagen abholte, um sie dann entweder selbst zu verarbeiten oder an Kleinverteiler abzugeben. Für die Beförderung der Milch bezahlte die G. m. b. H. der Meierei die Sätze des Werkverkehrs. Der nach dem Güterfernverkehrsgesetz anspruchsberechtigte Verband klagte gegen die G. m. b. H. auf Zahlung des Preisunterschiedes zwischen den Sätzen des Werkverkehrs und des Güterfernverkehrs. Das Berufungsgericht wies die Klage ab. Die Revision des Klägers blieb erfolglos. Die Beförderungsleistung der Meierei entsprach den Merkmalen des Güterfernverkehrs insofern, als sie den Umkreis von 50 km überschritt. Zu prüfen war aber, ob die Beförderung als Werkverkehr anzusehen war. Außer Frage stand, daß die Beförderung durch eigene Fahrzeuge der Meierei erfolgte und daß diese durch ihre Angestellten

bedient wurde. Streitig waren zwei Punkte: Die beförderten Güter mußten zum Verbrauch, zur Verarbeitung oder zur Wiederveräußerung erworben sein und die Beförderung mußte der Heranschaffung der Güter zum Unternehmen, ihrer Überführung innerhalb des Unternehmens oder dem Absatz der Güter beim Abnehmer der Ware dienen. Wenn das zutraf, diente die Beförderung für eigene Zwecke des Unternehmens und entfiel die Anwendung des Gesetzes über den Güterfernverkehr mit Kraftfahrzeugen, da dieses nur die Beförderungen für andere treffen will. Werkverkehr lag hienach vor, wenn die zur Beförderung übernommene Milch schon vor oder spätestens zu Beginn der Beförderung zu Eigentum erworben wurde. Das Berufungsgericht hatte festgestellt, daß das zutraf. Es ging davon aus, daß es den Lieferern gleichgültig sei, wer Eigentümer der Milch werde; sie wollten das Eigentum dem übertragen, den es angehe. Die Meierei wolle Eigentum erwerben, sobald sie die Milch in Besitz nehme; und auch dem Willen der G. m. b. H. entspreche es, daß die Meierei das Eigentum mit der Verladung der Milch in die Kannen oder die Kraftwagen erlange, wenn sie das auch nicht ausdrücklich vereinbart habe. Diese tatrichterliche Feststellung ließ keinen Rechtsirrtum erkennen und war für das Revisionsgericht bindend. Beim Verkauf von Sachen, die dem Verkäufer nicht gehören, kann dieser seine Pflicht zur Verschaffung des Eigentums durch unmittelbare Übertragung des Eigentums von seinem Lieferer auf den Käufer erfüllen. In den Vereinbarungen zwischen der G. m. b. H. und der Meierei war bestimmt worden, daß das bisher geübte Verfahren aufrechterhalten werden solle. Der weiteren Bestimmung, daß die Meierei die Gefahr während der Beförderung zu tragen habe, hatte das Berufungsgericht keine entscheidende Bedeutung beigelegt; auch das lag auf dem Gebiete der tatrichterlichen Würdigung bei der Vertragsauslegung. Die Vereinbarung schloß jedenfalls die Annahme nicht aus, daß die Meierei schon während der Beförderung Eigentümerin der Milch war. Das Ergebnis stand auch nicht im Widerspruch zu den Zwecken der Regelung des Güterfernverkehrs. Daß die Meierei größere Mengen Milch beförderte, war ohne Belang; das Gesetz und die Durchführungsverordnung haben die Freigabe des Werkverkehrs in keinerlei Beziehung zu seinem Umfang gestellt. (VII, 25. August 1942.)

Amtl. Sammlg. S. 395—365.
Vgl. Bd. 108 S. 221.

70. **Blutmäßige Abstammung. Zuständigkeit.** (Österr. ABGB. §§ 158, 163, 228; ÖstJN. § 100; RZPO. § 642; 4. DurchfVO. EheG. §§ 20, 21.) Eine Klage auf Anerkennung der Vaterschaft und Zahlung von Unterhalt wurde abgewiesen, weil Mehrverkehr der Mutter angenommen wurde. Das Urteil erlangte die Rechtskraft. Später erhob das Kind Klage auf Feststellung der blutmäßigen Abstammung. Da der Beklagte zu dieser Zeit nicht mehr im Altreich, sondern im Sudetenland wohnte, wurde die Klage dorthin abgegeben. Sie wurde im ersten Rechtszug abgewiesen, weil der Nachweis der Abstammung nicht für erbracht angesehen wurde. Die Berufung hatte keinen Erfolg. Das Reichsgericht berichtigte das Urteil des Landgerichts dahin, daß die Klage nicht abgewiesen, sondern zurückgewiesen wurde. Nach dem im Sudetengau geltenden Recht des Österreichischen Allgemeinen Bürgerlichen Gesetzbuchs hätte die Klage nicht gegen den angeblichen Vater, sondern gegen einen vom Gericht zu bestellenden Abstammungskurator gerichtet werden müssen. Die Klage hätte aber nicht abgewiesen, sondern nur zurückgewiesen werden sollen, damit die Abweisung nicht die Bedeutung einer entschiedenen Rechtssache erhielt und nicht einer Klage im Altreich gegen den angeblichen Vater entgegenstand. Eine solche Klage konnte im allgemeinen Gerichtsstand des Klägers erhoben werden, da dem Falle, daß der Beklagte im Inland keinen allgemeinen Gerichtsstand hat, der Fall gleichzustellen ist, daß am Orte seines allgemeinen Gerichtsstandes die Klage gegen ihn wegen des dort geltenden Rechts nicht zulässig ist. (VII, 26. August 1942.)

Amtl. Sammlg. S. 365—368.

71. **Seeversicherung. Mehrwertversicherung. Beweislast.** (HGB. § 778; AllgDSeeVersBed. §§ 1, 2, 6, 90. 97.) Im Frühjahr 1939 wurden 1050 englische Tonnen (gleich je 1016 kg) mandschurische Hirse zum Preise von je 7,15 Pfund Sterling cif. Hamburg in der Mandschurei gekauft und in dem mandschurischen Hafen Dairen auf zwei Schiffe verladen; diese sollten im September am Bestimmungsort eintreffen. Infolge des Kriegsausbruchs

wurden beide Schiffe von den Engländern aufgebracht; die Ladung mußte in England gelöscht werden. Alsbald nach dem Abschluß der Verträge vereinbarte die Käuferin mit der Reichsstelle für Getreide und Futtermittel, daß sie ihr die Ware zum Einkaufspreis überlasse, sie aber gleichzeitig zu demselben Preis zuzüglich je 1 *RM* für 1000 kg zurückerwerbe; dieser Preis bildete den sogenannten Monopolverkaufspreis. Die Reichsstelle schrieb dabei der Käuferin vor, daß sie die Hirse nur an Firmen verkaufen dürfe, die ihr von der Reichsstelle benannt würden, und daß sie beim Weiterverkauf den Monopolpreis nur um 3.50 *RM* für je 1000 kg überschreiten dürfe. Zu einem solchen Weiterverkauf war es bis zur Wegnahme der Ware nicht gekommen. Die Käuferin hatte Versicherung für Güter aller Art gegen die Gefahren der Reisen von und nach allen Häfen bei einer deutschen Seeversicherungsgesellschaft genommen und verlangte nun von dieser Ersatz ihres Schadens. Über die Versicherung von Mehrwert und erwartetem Gewinn war vereinbart worden, daß die Police auch diesen, gleichviel wie hoch, als gesonderte Nachweisversicherung decke, auch auf cif gekaufte Abladungen, wenn der Mehrwert oder erwartete Gewinn vor Bekanntwerden ungünstiger Nachrichten deklariert werde; die Versicherungsgesellschaft verzichtete auf weiteren Nachweis des Interesses und der Taxe. Mitversichert waren auch die Kriegsgefahren. Die eingeforderten Prämien waren bezahlt worden. Die Versicherungsgesellschaft lehnte die Zahlung des von der Käuferin verlangten Mehrwerts mit der Begründung ab, daß diese die Hirse in Deutschland zu dem ihr vorgeschriebenen, nach ihren Gestehungskosten berechneten Preise hätte verkaufen müssen, also einen etwaigen Mehrwert niemals hätte verwirklichen können, auch sonst kein eigenes Wagnis zu tragen gehabt habe; hilfweise habe sie die Herabsetzung des Versicherungswertes (der Taxe) verlangt. Das Berufungsgericht wies die Klage ab. Das Reichsgericht verwies die Sache zurück. Der sogenannte Mehrwert ist kein selbständiger, für sich vorhandener Gegenstand oder Teil eines solchen, sondern ein in dem versicherten Gute selbst steckender Wert oder die unabhängig von der Reise entstandene Werterhöhung des Gutes. Wer als Eigentümer oder als eine dem Eigentümer wirtschaftlich gleichstehende

Person eine rechtliche Beziehung zu dem Gute selbst hat, muß begriffsnotwendig auch Beziehungen zu dem ganzen in dem Gute steckenden Werte haben und damit zu jedem Teile des Wertes, für den durch die Hauptversicherung keine Deckung besteht und auf den sich die Mehrwertversicherung bezieht. Da das Gut als solches zu seinem Vermögen gehört, ist der gesamte wirkliche Wert des Gutes Bestandteil seines Vermögens, nicht bloß der Wert (Geldbetrag), den er nach glücklicher Beendigung der Reise infolge eines von ihm abgeschlossenen Vertrags oder infolge anderer besonderer Umstände beim Weiterverkauf an einem bestimmten Ort oder zu einer bestimmten Zeit erlöst. Wird ihm die Sache durch einen Unfall entzogen, so büßt er nicht nur einen Teil des Wertes des Gutes ein, sondern das ganze Gut und erleidet in seinem Vermögen einen Nachteil in Höhe des vollen Wertes. Demgemäß ist der Versicherte nicht bereichert, wenn er beim Eintritt des Versicherungsfalles infolge der von ihm genommenen Versicherung den dem wirklichen Werte des Gutes entsprechenden Geldbetrag erhält. Ob es ein oberstes Grundgesetz des Inhalts gibt, daß die Versicherung niemals zu einer Bereicherung des Versicherten führen dürfe, und ob dieses Grundgesetz auch für die Seetransportversicherung gilt, ließ das Reichsgericht dahingestellt. Auf keinen Fall kann aus diesem Gesichtspunkt ein Versicherungsvertrag als unwirksam angesehen werden, wenn bei Abschluß des Vertrags oder -- bei einer laufenden Police — zu Beginn der Versicherung eines bestimmten Gutes für eine bestimmte Reise eine Möglichkeit denkbar war, bei der der Eintritt des Versicherungsfalles nicht zu einer Bereicherung des Versicherten führte. Solche Möglichkeiten waren hier gegeben. Insbesondere konnte es vorkommen, daß das Schiff infolge eines unter die Versicherung fallenden Ereignisses einen fremden Hafen anlaufen mußte, von dem aus die Weiterbeförderung des Gutes nach Deutschland unmöglich war. In diesem Falle konnte die Hirse in dem fremden Hafen zu dem Preise verkauft werden, der ihrem wirklichen Wert entsprach; für die Annahme, daß die Klägerin dann den Teil des Erlöses, der den Versicherungswert der Hauptversicherung überstieg, an die Reichsstelle für Getreide hätte abliefern müssen, ohne einen Gegenwert zu erhalten, fehlte jeder Anhalt. Zu prüfen war hienach, ob überhaupt ein Mehrwert vorhanden war, d. h. ob der wirkliche Wert der Hirse, in deutscher Währung ausgedrückt, höher war als der der Hauptversicherung zugrunde liegende Wert, und gegebenenfalls, um wieviel er diesen Wert überstieg. Das Berufungsgericht hatte angenommen, daß auf alle Fälle der Wert der Hirse in dem mandschurischen Hafen Dairen maßgebend sei. Das Reichsgericht erklärte hiezu, daß auch ein anderer Ort in Frage kommen könne, und daß hiefür der Sinn des zwischen den Parteien abgeschlossenen Versicherungsvertrags, wenn er auch darüber nichts Ausdrückliches enthielt, zu ermitteln sei. Die Klägerin hatte in ihren Anzeigen an die Beklagte bestimmte Summen als Mehrwerte angegeben; die Beklagte hatte nicht widersprochen, sondern nach diesen Summen die Versicherungsprämien der Mehrwertversicherung eingefordert. Diese Beträge waren als Taxe des Versicherungswertes anzusehen. In Verbindung mit der Einforderung der Prämien konnte die Erklärung der Beklagten in der laufenden Police, daß auf einen Nachweis des Interesses und der Taxe verzichtet werde, nur bedeuten, daß die von der Klägerin mitgeteilten Beträge des Mehrwertes der taxierte Versicherungswert sein sollten. Es war Sache der Beklagten, den Beweis zu führen, daß der Wert in Wahrheit geringer war oder überhaupt nicht bestand. (I, 28. August 1942.)

Amtl. Sammlg. S. 368—376.

Vgl. Bd. 77 S. 301.

72. **Eisenbahnunfall. Schrankenloser Bahnübergang. Mitverschulden. Schutzgesetz.** (BGB. §§ 823, 831; RFG. § 17; EisenbBauBetrO. §§ 18, 46.) An einem schrankenlosen Bahnübergang fuhr ein Personenkraftwagen in einen Zug. Der Wagen wurde eine Strecke weit mitgeschleppt; von den Insassen wurde der eine, der den Wagen gesteuert hatte, schwer verletzt, der andere getötet. Der Verletzte klagte gegen die Deutsche Reichsbahn auf Schadenersatz; er räumte ein, daß ihn selbst ein Mitverschulden treffe, und veranschlagte den von ihm selbst zu tragenden Teil des Schadens auf die Hälfte. In zwei Rechtszügen wurde die Klage abgewiesen. Das Reichsgericht verwies die Sache zurück. Das Berufungsgericht hatte das Vorbringen des Klägers, die Beklagte habe den Wegübergang, weil er verkehrsreich gewesen sei, mit Schran-

ken versehen müssen, mit der Begründung abgelehnt, das Gericht habe nicht zu prüfen, ob der schrankenlose Übergang mit Recht genehmigt worden sei. Darum handelte es sich aber nicht. Indem die Reichsbahn sich mit dem Unternehmen der Beförderung von Personen und Gütern auf den Boden des bürgerlichen Rechtsverkehrs begibt, übt sie keine hoheitliche Gewalt oder Fürsorge aus; sie wird vielmehr im bürgerlichen Geschäftskreise tätig, und die Sicherung des Bahnbetriebs über Straßenkreuzungen dient nicht nur der gesicherten Durchführung des Betriebs, sondern auch den Belangen der Wegebenutzer. Insoweit ist die Einrichtung der Bahnschranken allgemeine Verkehrssicherungspflicht, wie sie nach ständiger Rechtsprechung jedem obliegt, der auf Grundstücken, die ihm gehören oder seiner Verfügung unterliegen, einen Verkehr für Menschen eröffnet oder zuläßt. Über das Maß dessen, was jeder Eisenbahnunternehmer, also auch die Reichsbahn, zur Sicherung des Verkehrs zu leisten hat, enthält die Eisenbahnbau- und Betriebsordnung in den §§ 18, 46 Bestimmungen, die zum Schutze der Verkehrssicherheit bestimmt und als Schutzgesetze im Sinne des § 823 BGB. anzusehen sind. Ob ein schuldhafter Verstoß gegen diese Bestimmungen vorliegt, haben im Streitfalle die Gerichte zu entscheiden. Die Eisenbahnbau- und Betriebsordnung ist auf Grund des Art. 91 WeimVerf. von der Reichsregierung erlassen worden; sie steht einem Gesetze gleich, ihre Bestimmungen sind Rechtsnormen und unterliegen der Auslegung durch das Reichsgericht. § 18 Abs. 1 bestimmt: „Verkehrsreiche Wegübergänge sind mit Schranken zu versehen oder in anderer Weise zu sichern"; Ausnahmen können durch die Aufsichtsbehörde zugelassen werden. Eine solche Ausnahme kam nicht in Frage. Demnach hatte die Beklagte, wenn der Wegübergang verkehrsreich war, gegen ein Schutzgesetz verstoßen. Hatte sie das Vorliegen dieser Voraussetzung von sich aus verneint, so hatte das Gericht nachzuprüfen, ob ihre Ansicht zutreffend war. Der Kläger hatte sich auch darüber beschwert, daß das Berufungsgericht den Entlastungsbeweis nach § 831 BGB. für erbracht angesehen habe; er hatte es als einen Mangel bezeichnet, daß dem Lokomotivführer und Heizer keine Anweisung für ihr Verhalten bei Annäherung an schienengleiche Straßenübergänge gegeben worden sei. Das

Reichsgericht erklärte dem gegenüber die Feststellung des Berufungsgerichts für ausreichend, daß der Dienst durch eingehende Anweisungen geregelt sei, die auch Vorschriften für das Verhalten in Fällen der vorliegenden Art enthielten. Mit Recht war aber die Abwägung der beiderseitigen Betriebsgefahren bemängelt worden. Eine Warnung durch Läuten oder Pfeifen war nicht erteilt worden; auch hatte der Lokomotivführer nicht sofort gebremst, als ihn der Heizer auf den Unfall hinwies. Nach dieser Richtung hätte geprüft werden müssen, ob der Kläger durch Läuten oder Pfeifen so zeitig hätte gewarnt werden können, daß der Unfall vermieden worden wäre. Wenn das zutraf, war die Unterlassung nicht weniger ursächlich als die eigene Unaufmerksamkeit des Klägers, sei es für die Entstehung des Unfalls, sei es für die Höhe des Schadens. Auch fehlte die Prüfung, ob nicht die Schwere des Unfalls und damit die Höhe des Schadens gerade darauf zurückzuführen war, daß der Führer das rechtzeitige Bremsen unterließ. (VI, 7. Juli 1942.)

Amtl. Sammlg. S. 376—382.

Vgl. Bd. 144 S. 67; Bd. 148 S. 303; Bd. 162 S. 364.

73. Straßenbahn. Verschulden. (RHaftPflG. § 1.) Ein Mann, der von der offenen Plattform eines Straßenbahnwagens abgestürzt war und sich schwer verletzt hatte, klagte gegen die Aktiengesellschaft, welche die Straßenbahn betrieb, auf Schadenersatz. Das Berufungsgericht wies die Klage ab mit der Begründung, wenn ein im besten Alter stehender Fahrgast aus einem Straßenbahnwagen falle, spreche die Vermutung dafür, daß dies nicht ohne sein Verschulden geschehen sei. Das Reichsgericht erkannte das nicht für zutreffend an. Nach der Erfahrung des Lebens besteht durchaus die Möglichkeit, daß ein Fahrgast, der auf einer unverschlossenen Plattform steht, vom Wagen herabgeschleudert wird, auch wenn er sich in jeder Hinsicht sorgsam verhalten hat. Der Kläger hatte behauptet, die Plattform sei überfüllt gewesen, er sei gegen den Ausgang gedrängt und habe keine Möglichkeit gefunden, sich anzuhalten. Das Berufungsgericht hatte hiefür von ihm den Beweis verlangt. Auch das erklärte das Reichsgericht für rechtsirrig. Da sich der Unfall beim Betriebe der Straßenbahn zugetragen hatte und höhere Gewalt nicht in Frage kam, haftete die beklagte

Aktiengesellschaft für den dem Kläger entstandenen Schaden, wenn sie nicht nachwies, daß dieser selbst den Unfall verschuldet hatte; demgemäß mußte sie die Tatsachen, aus denen sie das folgern wollte, dartun und, wenn der Hergang streitig war, die ein Verschulden ausschließenden Behauptungen des Klägers entkräften. Auch wenn man davon ausging, daß der Kläger vor dem Sturz nahe der offenen Außentür der Plattform stand, ergab sich daraus noch nicht ein schuldhaftes Verhalten des Klägers. Zur flüssigen Abwicklung des Verkehrs auf der Straßenbahn ist es notwendig und wird von den Angestellten der Straßenbahn mit Recht verlangt, daß Fahrgäste, die aussteigen wollen, sich schon bei der Annäherung des Wagens an die Haltestelle möglichst weit auf den Ausgang des Wagens zu bewegen, auch nach Möglichkeit aus dem Innern des Wagens auf die Plattform treten. Erfahrungsgemäß reichen die vorgesehenen Anhaltevorrichtungen in der Regel nicht aus, insbesondere auch nicht auf der Plattform, wenn sie mit Fahrgästen voll besetzt ist. Es kann durchaus vorkommen, daß durch einen Ruck in der Fahrt die auf der Plattform stehenden Fahrgäste durcheinandergerüttelt werden und daß ein in der Nähe der Wagentür stehender Fahrgast durch diese, wenn sie offen ist, herausgedrückt wird. (VI, 8. September 1942.)

Amtl. Sammlg. S. 382--384.

74. Dienstvertrag. Vertragsstrafe. Sportverband. (RG. zur Ordnung der nationalen Arbeit § 32; BGB. §§ 125, 238, 626.) Zwischen der Unternehmerin eines Zirkus und 10 Radfahrern wurde ein Vertrag über die Vorführung eines Home-Trainer-Radrennens abgeschlossen. Für die Truppe unterschrieben den Vertrag zwei Radfahrer, die sich als die Manager der Truppe bezeichneten; die Mitglieder der Truppe waren in einem Anhang des Vertrags namentlich angeführt. Zwischen dem einen Manager und sechs der Radfahrer war am gleichen Tag ein Engagements-Vertrag abgeschlossen worden, worin die tägliche Gage festgesetzt wurde. Für den Fall der schuldhaften Vertragslösung wurde eine Vertragsstrafe vereinbart. Als Mitglieder des Berufsverbandes des deutschen Radsports bedurften die Radfahrer zum Auftreten in einem Zirkus der Genehmigung ihres Verbandes. Hievon war beim Abschluß des Vertrags schon gesprochen worden;

die Manager hatten aber erklärt, das Rennen würde unter allen Umständen gefahren, wie auch der Verband sich dazu stelle. Als dann der Verband mit dem Ausschluß drohte, traten gleichwohl sämtliche Radfahrer von dem Vertrag zurück. Die Zirkusunternehmerin klagte auf Zahlung der Vertragsstrafe. Das Landgericht gab der Klage statt. Vor dem Berufungsgericht beriefen sich die Beklagten auf die für sie maßgebende Tarifordnung, wonach über den Klageanspruch in einem Schiedsgerichtsverfahren zu entscheiden war. Das Berufungsgericht wies die Klage ab. Die Revision der Klägerin hatte keinen Erfolg. Der Rechtsstreit hätte an sich vor die Arbeitsgerichte gehört; das konnte im zweiten Rechtszug ebensowenig mehr geltend gemacht werden wie die Berufung auf die Schiedsgerichtsklausel der Tariſordnung. Das Berufsgericht hatte das Zustandekommen eines gültigen Vertrags verneint, weil den beiden Managern die Vollmacht zum Abschluß für die übrigen Mitglieder der Gruppe gefehlt habe und auch für sie eine vertragsmäßige Bindung nicht entstanden sei, da es sich um einen einheitlichen Vertrag gehandelt habe, der ohne formgültige Vereinbarungen mit den übrigen Mitgliedern der Gruppe nicht geschlossen worden wäre. Für die Beurteilung der Frage war die Tariſordnung zur Regelung der Beschäftigungsverhältnisse der Artisten vom 5. April 1938 maßgebend. Eine Verpflichtung der Beklagten zum Auftreten im Zirkus hätte sie im Sinne dieser Tarifordnung zu Artisten gemacht, ungeachtet ihres eigentlichen Berufs als Sportrennfahrer; daß ihre Darbietung wirklich artistischer Art gewesen wäre, war nicht erforderlich. Nach der Tarifordnung mußte der Vertrag schriftlich abgeschlossen werden; Vermittler mußten eine schriftliche Vollmacht besitzen, wenn sie für einen Vertragsteil unterzeichneten. Für die beiden Manager war hienach ein gültiger Vertrag zustande gekommen; dagegen war nicht ersichtlich, was sie berechtigt hätte, im Namen der übrigen Mitglieder der Gruppe den Vertrag abzuschließen. Aus Gründen, die nicht veröffentlicht sind, gelangte das Reichsgericht gleichwohl dazu, das formgültige Zustandekommen des Vertrags bei allen Beklagten anzunehmen. Das Berufungsgericht hatte den Vertrag in erster Reihe nach den heutigen Anschauungen über die Bedeutung des Sports und seiner Organisation als gegen die guten Sitten verstoßend und darum als nichtig angesehen. Es hatte dazu ausgeführt, der Klägerin sei bekannt gewesen, daß die Beklagten von ihrem Berufsverbande keine Erlaubnis hatten, an einem Rennen in einem Zirkus teilzunehmen, daß sie es aber auf eine Machtprobe mit dem Verband hätten ankommen lassen und diesen zum Nachgeben hätte zwingen wollen. Unter solchen Umständen widerspreche es dem heute herrschenden Volksempfinden, wenn die Klägerin den Beklagten im Kampfe gegen die ihnen vorgesetzte und zum Wohle der Allgemeinheit geschaffene Organisation den Rücken gestärkt habe. Zweck und Auswirkungen des Vertrags seien sonach dem gemeinen Wohle zuwider gelaufen und darum sittenwidrig. Diesen Ausführungen trat das Reichsgericht nicht bei. Der Inhalt des Vertrags an sich war gewiß nicht sittenwidrig. Gegen die Ausbedingung einer für beide Teile gleich hohen Vertragsstrafe war ebenfalls nichts einzuwenden; die Tarifordnung sieht selbst Vertragsstrafen vor. Auch der Beweggrund und Zweck des Vertrags konnten nicht als sittenwidrig bezeichnet werden. Die Beklagten suchten mit der beabsichtigten Vorführung eine Verdienstmöglichkeit in einer Zeit zu finden, in der sie zu eigentlichen Berufsrennen keine Gelegenheit hatten; die Klägerin wollte mit der Darbietung des Rennens ihr Programm bereichern. Die Vertragsstrafe war schon vereinbart, ehe die Klägerin von der fehlenden Genehmigung des Verbandes erfuhr; die beiden Manager hatten ausdrücklich erklärt, die Genehmigung sei schon erteilt worden, und erst nachträglich zugegeben, daß sie nur erhofft werde. Trotzdem erkannte auch das Reichsgericht die Ablehnung des Anspruchs der Klägerin auf die Vertragsstrafe als richtig an. Darin, daß sich die Beklagten von dem Vertrag lossagten, lag eine fristlose Aufkündigung des Vertrags aus einem wichtigen Grunde. Ein solcher liegt nach ständiger Rechtsprechung vor, wenn unter Würdigung der gesamten Umstände dem einen Vertragsteil nicht zugemutet werden kann, am Vertrag festzuhalten. Ob das im Einzelfalle zutrifft, ist im wesentlichen eine Tatfrage. Die Beklagten mußten mit einem Ausschluß aus ihrem Verband und mit dem Verlust der Möglichkeit einer weiteren Berufsausübung im Radsport rechnen; ein verbotswidriges Auftreten der Beklagten im Zir-

kus wäre ein schwerer Verstoß gegen die allgemeine Sportdisziplin gewesen und hätte schutzwürdige Belange der Allgemeinheit beeinträchtigt. Unter solchen Umständen war für die Beklagten auf jeden Fall ein wichtiger Grund zur fristlosen Kündigung gegeben. Auf die Geltendmachung eines solchen Grundes konnte im voraus nicht verzichtet werden, so daß die Zusicherung, das Rennen werde unter allen Umständen gefahren werden, der Kündigung nicht im Wege stand. Mit der als Kündigung zu wertenden Loslösung vom Vertrag entfiel dann jede vertragliche Bindung der Beklagten, also auch das Versprechen der Vertragsstrafe. Die Zusicherung konnte allerdings eine Haftung wegen Verschuldens beim Vertragsschluß begründen; ein Schadenersatzanspruch auf dieser Grundlage war aber nicht geltend gemacht. (III, 17. Juni 1942.)
Amtl. Sammlg. S. 385—394.

75. **Schadenersatzpflicht Minderjähriger. Feststellungsklage.** (BGB. § 829.) Ein Knabe schoß mit einer Luftdruckpistole einen anderen Knaben ins Auge; dieses erblindete. Die Klage auf Schadenersatz und Schmerzensgeld wurde im zweiten Rechtszug mit der Begründung abgewiesen, daß dem Beklagten die Einsicht in die Verbotswidrigkeit und Gefährlichkeit seines Tuns gefehlt habe, ein Anspruch auf Schadloshaltung aus Billigkeitsgründen aber nicht in Betracht komme, weil der Beklagte weder Vermögen noch Einkommen habe. Das Reichsgericht stellte eine Ersatzpflicht des Beklagten für den Fall der Billigkeit fest. Das Berufungsgericht hatte nur die Verhältnisse des Beklagten zur Zeit der letzten mündlichen Verhandlung in Betracht gezogen; für einen Feststellungsanspruch aus § 829 BGB. ist aber auch die spätere Entwicklung der Verhältnisse zu berücksichtigen. Das Interesse des Geschädigten an der alsbaldigen Feststellung ergab sich aus der drohenden Verjährung und der Schwierigkeit eines späteren Nachweises der Unfallvorgänge. (VI, 8. September 1942.) Amtl. Sammlg. S. 394—395.
Vgl. JW. 1910 S. 824.

76. **Ehescheidung. Widerspruch. Kriegsverhältnisse.** (EheG. §§ 55, 66.) Aus einer im Jahr 1924 geschlossenen Ehe gingen zwei in den Jahren 1930 und 1933 geborene Söhne hervor. Vom März 1934 bis Januar 1937 lebten die Eheleute getrennt; im Dezember 1937 kam es zur

dauernden Trennung. Schon im Jahr 1934 hatte der Mann auf Scheidung geklagt, war aber in zwei Rechtszügen abgewiesen worden. Im Jahr 1937 suchte er um das Armenrecht zur Erhebung einer Anfechtungsklage und neuerdings zur Erhebung einer Scheidungsklage nach, hatte aber in beiden Fällen keinen Erfolg. Auf Antrag der Frau wurde dem Manne das Recht der Sorge für die Person der Kinder entzogen. Auch Unterhaltsstreitigkeiten waren sowohl zwischen den Eheleuten als zwischen den Kindern und ihrem Vater geführt worden. Der auf § 55 EheG. gestützten Scheidungsklage wurde in zwei Rechtszügen trotz dem Widerspruch der Beklagten stattgegeben. Das Reichsgericht wies sie ab. Das Berufungsgericht hatte angenommen, daß der Kläger, wenn er von der verhaßten Ehefessel befreit würde und mit der Frau, mit der er zusammenlebte und schon ein Kind erzeugt hatte, eine neue Ehe schließen könne, seine Verpflichtungen gegen die Beklagte und die Kinder mit weniger Widerwillen erfüllen würde; die Beklagte sei auch imstande, einem eigenen Erwerb nachzugehen, besonders wenn sie die Kinder einem Kinderhort anvertrauen würde. Das Reichsgericht erklärte, daß es dem gesunden Volksempfinden widersprechen würde, den Kläger von seinen durch die Ehe übernommenen Verpflichtungen freizustellen. Nach der Auffassung des Berufungsgerichts wären ihm die schweren Pflichtverletzungen, die er sich bisher hatte zuschulden kommen lassen, gerade zugute gekommen; ein solches Ergebnis ist vom sittlichen Standpunkt aus unerträglich, aber auch denkgesetzlich falsch. Die Scheidung seiner jetzigen und die Begründung einer neuen Ehe würde es dem Kläger außerordentlich erleichtern, sich seinen Pflichten gegen die Beklagte und die Kinder zu entziehen. Die Hoffnung des Berufungsgerichts, er werde sich im Falle der Scheidung bessern, war mit den über sein bisheriges Verhalten getroffenen Feststellungen unvereinbar. Die Frau war 48 Jahre alt und für eine Berufstätigkeit nicht vorgebildet, hatte auch die beiden Kinder zu erziehen; die Frage, ob unter diesen Umständen von ihr eine Erwerbstätigkeit zu erwarten sei, mußte verneint werden. Dabei war zu berücksichtigen, daß es sich in dem Rechtsstreit nur darum handelte, ob der Beklagten im Verhältnis zum Kläger eine Berufstätigkeit zuzumuten

sei, nicht aber darum, ob sie unter den besonderen Verhältnissen des Krieges ihrem Volke gegenüber die Pflicht hatte, sich über die Erziehung ihrer Kinder hinaus zu betätigen; die besonderen Verhältnisse des Krieges konnten überhaupt nicht für die hier in Betracht kommende, auf weite Sicht zu treffende Regelung maßgebend sein. Die Annahme, daß die Kinder in einen Kinderhort gegeben werden könnten, ging durchaus fehl; für Kinder dieses Alters sind Kinderhorte nicht bestimmt. Auch vom Standpunkt der Allgemeinheit aus wäre es unerträglich, wenn dem Kläger die Möglichkeit eröffnet würde, sich leichter als bisher seinen Verpflichtungen zu entziehen, den Kindern die Grundlage für ihre körperliche und geistige Entwicklung zu nehmen und die gealterte und im Kampf um ihre und ihrer Kinder berechtigten Belange erschöpfte Beklagte, der keine wesentlichen Verfehlungen zur Last lagen, der Sorge um ihre Zukunft preiszugeben. (IV, 14. Oktober 1942.) Amtl. Sammlg. S. 396—401.
Vgl. Bd. 160 S. 44; Bd. 169 S. 36.

77. **Abstammungsklage.** (ZPO. §§ 634, 640.) Zu dem im Jahr 1893 geborenen K. erkannte F., ein Volljude, die Vaterschaft an. Nachdem F. im Jahr 1940 gestorben war, klagte K. gegen G. mit dem Antrag, festzustellen, daß dessen im Jahr 1905 verstorbener und von ihm beerbter Vater sein Erzeuger sei; die Klage wurde aber wieder zurückgenommen. Nunmehr klagte K. gegen seine uneheliche Mutter mit dem Antrag auf Feststellung, daß sein wirklicher Vater nicht F., sondern G. sei. Die Beklagte gab die zur Begründung der Klage vorgebrachten tatsächlichen Angaben als richtig zu und beantragte Entscheidung nach Lage der Sache. Das Landgericht gab der Klage statt. Gegen das Urteil legte der Staatsanwalt Berufung ein. Das Berufungsgericht wies die Klage ab. Die Revision des Klägers hatte keinen Erfolg. Die Berufung des Staatsanwalts war zulässig; das ergibt sich schon daraus, daß in § 640 ZPO. die entsprechende Anwendung des § 634 ZPO., wonach der Staatsanwalt in Ehesachen, auch wenn er die Klage nicht erhoben hat, Rechtsmittel einlegen kann, ganz allgemein vorgesehen ist. Durch die Einlegung der Berufung wurde aber der Staatsanwalt nicht zur Partei; der Kläger konnte sein Fest-

stellungsbegehren nicht gegen ihn richten. Im übrigen fand das Reichsgericht keinen Anlaß, seine bisherige Auffassung zu ändern, wonach eine Feststellungsklage, die das Bestehen oder Nichtbestehen der blutmäßigen Abstammung betrifft, nach dem Tode des angeblichen Erzeugers unzulässig ist. (IV, 17. Oktober 1942.)

Amtl. Sammlg. S. 401—404.
Vgl. Bd. 163 S. 100; Bd. 167 S. 289.

Gesetzesregister.

Seitenzahlen der amtlichen Sammlung.

1 1—24; **2** 24—36; **3** 36—38; **4** 38—44; **5** 44—48; **6** 48—50; **7** 50—52; **8** 52—54; **9** 54—57; **10** 57—59; **11** 59—64; **12** 65—84; **13** 84—97; **14** 98—100; **15** 100—105; **16** 105—109; **17** 109—117; **18** 117—121; **19** 122—125; **20** 126—127; **21** 127—128; **22** 129—133; **23** 133—140; **24** 140—145; **25** 145—147; **26** 147—153; **27** 153—158; **28** 158—160; **29** 161—171; **30** 172—180; **31** 180—185; **32** 185—191; **33** 192; **34** 193—196; **35** 196—202; **36** 203—213; **37** 213—216; **38** 216—218; **39** 219—222; **40** 223—226; **41** 227—231; **42** 232—239; **43** 240—249; **44** 249—254; **45** 254—256; **46** 257—266; **47** 267—271; **48** 271—278; **49** 278—281; **50** 281; **51** 282—284; **52** 284—288; **53** 289—295; **54** 295—298; **55** 298—300; **56** 300—304; **57** 304—311; **58** 312—317; **59** 317—320; **60** 321—323; **61** 324—328; **62** 328—330; **63** 330—339; **64** 339—340; **65** 340—341; **66** 341—345; **67** 345—352; **68** 353—359; **69** 359—365; **70** 365—368; **71** 368—376; **72** 376—382; **73** 382—384; **74** 385—394; **75** 394—395; **76** 396—401; **77** 401—404.

Sachregister.